しなくていい努力

日々の仕事の6割はムダだった!

堀田孝治

ぼく

上司

論理的な先輩

心配性の先輩

甘えられる先輩

集英社

しなくていい努力

日々の仕事の6割はムダだった！

堀田孝治

はじめに

「しなくていい努力」をしている自分に気づく。

この本で提案するのは、シンプルにいえば、「これだけ」です。

「しなくていい努力？　そんなことしていないですよ！」
「しなくていい努力？　もしやっていたら、誰でも気づくでしょ！」

はたしてそうでしょうか？

振り返ると、私の20代は、その努力のほとんどが「しなくていい努力」でした。
そして、当時の私は、そのことにまったく気づけません。
その結果……30歳の時に、仕事がどうにもならなくなって、９か月休職してしまったのです。

「こんなにがんばっているのに……なんでいつもこうなんだろう……」

「またそんなことを……まったく理不尽だな……」

「こんな毎日を、これからも続けていていいのだろうか……」


みなさんは、こんなことを、日々の仕事の中で思ったことはありませんか？

このように「なにかが違う」と感じた時は、どうしたらいいのでしょうか？

ある人は、「きっと自分の努力が足りないのだろう」と反省し、より多くの努力を自らに課して、自分を追い込んでいきます。

またある人は、「上司が悪いのだ」「この会社だからうまくいかないのだ」と問題を自分の「外」に求めて、異動願いを出したり、転職をしたりするのです。

しかし、かつてそのように考えていた私は、いまは、その考えこそが間違いだと確信しています。

実は、思ったような成果が出ない主な原因は、「努力が足りない」のでも、あるいは周囲が悪いのでもなく、自分が、

「しなくていい努力」

をしてしまっているからなのです。

私の現在のメインの仕事は、企業研修の講師です。

そのプログラムは、「7つの行動原則」という私が開発したオリジナルのもの、一つだけです。

私のこの同じ研修は、不思議なことに、メーカー、エネルギー、不動産、医薬、IT、広告、金融……と、さまざまな企業で行われています。そして参加される方の職種も、営業、企画、研究、開発、生産、人事、財務……と多種多様です。そうです、「どこの誰が参加しても、大丈夫な研修」なのです。おかげさまで、約10年で1万人以上が参加してくださっています。

そして、これが一番の特徴なのですが、私が研修でする話のほとんどは、20代に、ある食品会社のビジネスパーソンとして、実際に私がやってしまった、

「しなくていい努力」

の数々なのです。

（えっ？　この研修はなに？）

（この講師は、いったい何の話をしているの？）

私がニコニコして「しなくていい努力」について話しだすと、いっせいにみんなの頭に「？」が浮かびます。

中には、苦笑いをしたり、意味が分からず、引いてしまう人もいます。

しかし、私が「しなくていい努力」の経験談を続けると……

徐々にクラスの雰囲気が変わってきます。参加者からは笑顔が消え、一人、また一人と前のめりになり、二日目には〝自分がしている〟「しなくていい努力」をみな口々に語り出します。

そして最後にアンケートを取ると……

なんと参加した方の１００％が、「しなくていい努力」をしていたと答えます。

研修に来るまでは、みんなそのことに気づいていなかったのです。

そして、研修に出てはじめて、自分が、なんと実に１日の63％もの時間を、それらの「しなくていい努力」に費やしていたことに気づくのです。

「目からウロコでした！」

「堀田さんの話、耳が痛かったです。〝あるある〟です！」

「モヤモヤとした不安と不満の正体がわかりました！」

「あやうく堀田さんのような20代を過ごしてしまうところでした！」

などと口々に言いながら、研修後は、別人のようなスッキリとした顔で現場に帰っていかれます。


では、「しなくていい努力」とはいったい何なのでしょうか？

それは、一言で説明すれば、

「その競技では、いくらやっても意味のない努力」

のことです。たとえば、サッカーの試合中に、手を使ってしまうようなことです。

「えっ？　さすがにサッカーで手は使わないよ。そんな努力はするわけないよ」

いやいや、それがそうでもないのです。

たしかに「サッカーは、手を使っても意味のない競技」ということを多くの人が知っています。


「仕事は、何をすると、意味のない競技なのか」

かつての私を含め、多くの人は、実はそこがよくわかっていないのです。

うのです。

だから、何も疑わず、あるいは良かれと思って、「しなくていい努力」をし続けてしま

20代に「しなくていい努力」をし続けてしまった私は、その結果、重度のメンタル不調に陥り、30歳で「休職」にまで追い込まれます。

そんな悲しいキャリアでしたが、いま振り返ると、私は逆にとても幸運だったといえます。

なぜなら、「休職」というわかりやすい「挫折」をしたからこそ、早くに「しなくていい努力」をしていた自分に気づけ、それを止めることができたからです。そして53歳のいまは、おかげさまで好きな仕事をして、横浜と八ヶ岳の2か所で暮らして、とても充実した楽しいビジネス&ライフを過ごしています。

それほど大きな壁にあたらず、そして何の疑いもなく、しかしどこかに不満や違和感を抱えながら日々「しなくていい努力」を重ねて……50歳、60歳になり、その時になっていままでの自分の努力のほとんどが「しなくていい努力」だったことに気づき、もう取り返しがつかないことに愕然《がくぜん》とし、後悔する……というのが、ある種最悪のシナリオなのです。

「しなくていい努力」をしている自分に気づくこと

本書がその一助になり、みなさんの日々の仕事と今後のビジネスキャリアが、より楽しく、充実したものになることに少しでも貢献できれば、それに勝る喜びはありません。

もくじ

第1章 基本編
上司に答えを聞くのは「しなくていい努力」

第2章 コミュニケーション編
そのメールは「しなくていい努力」

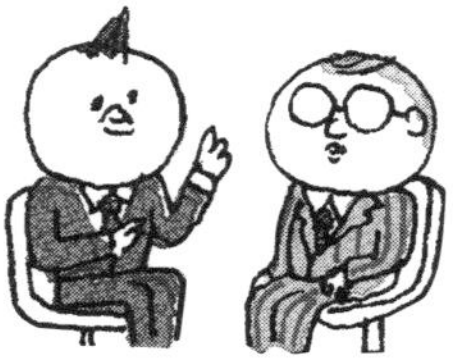

第3章 デイリーワーク編

100点を目指すのは「しなくていい努力」

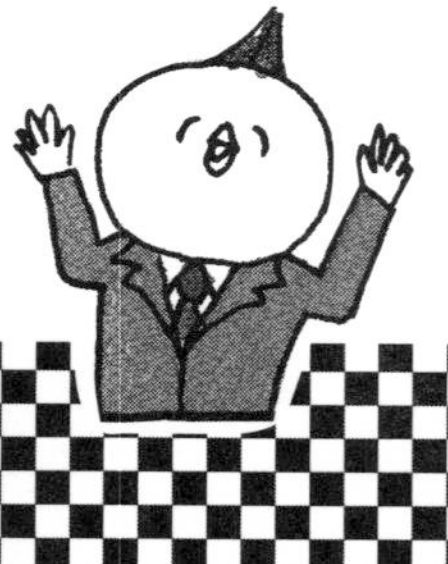

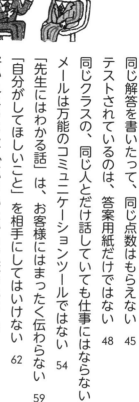

第4章　資格取得や留学は「しなくていい努力」

キャリア編

第1章 基本編

上司に答えを聞くのは「しなくていい努力」

「しなくていい努力」とは何か

「しなくていい努力」とは、いったい何のことでしょうか。
それは、いくらやっても、意味のない努力のことです。その努力を重ねても、成果は出ませんし、相手も自分も、けっして幸せにはなれません。

もう少し具体的に言うと、「しなくていい努力」とは、「その競技では、いくらやっても報われない、ムダな努力」です。

たとえばサッカーという競技で、「手でボールを投げる」という努力はどうでしょうか？　あるいは、「砲丸投げをする」という努力は？

これらの努力は、サッカーという競技ではまったく意味のない、「しなくていい努力」です。

試合中に、どんなに一所懸命に砲丸投げをしても、その努力はぜったいにサッカーでは報われません。周囲に害をもたらし、自分も消耗するだけです。

では、仕事における「しなくていい努力」とはなんでしょうか？

わかりやすいのは、「プライベートの旅行の予約をする」「会社のパソコンでゲームの腕を磨く」といった努力です。

これらは、プライベートというフィールドの努力ですから、もし仕事という競技でいい成果を出したければ、すぐに止めることをおすすめします。


しかし、問題は、〝なかなか気づけない〟「しなくていい努力」です。

気づかないどころか、本人は「いい努力」だと信じて疑っていなかったりします。

気づかないと、その「しなくていい努力」は延々と続きます。


「えっ？『しなくていい努力』をしていて、本人が気づかないわけないでしょう！」

それが、残念ながら、本当に気づいていないのです。

私の研修でアンケートを取ると……

参加者の100％が、「しなくていい努力」を「している」と答えます。

そして、なんと「しなくていい努力」は、働く時間の約63％にもなっていた、と答える

のです！（図１）

そして、私の研修を受けるまで、そのことにまったく気づいていなかったのです。

いくら説明をしても、それではなかなかピンとこないですよね。

ではさっそく、私がかつてしてしまったものを中心に、「しなくていい努力」を、基本編から順に紹介していきます。

図1：日々の仕事の中で、気づかずに「しなくていい努力」に費やしてしまっていた時間の割合は?

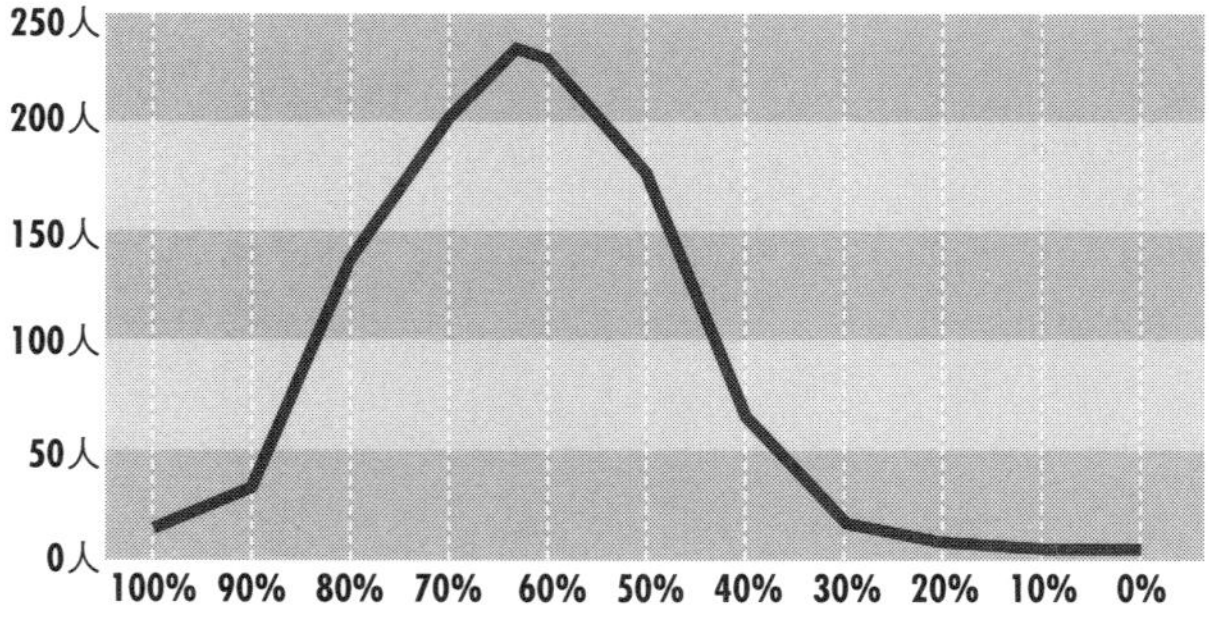

250人
200人
150人
100人
50人
0人
100%
90%
80%
70%
60%
50%
40%
30%
20%
10%
0%

平均すると、なんと1日の約63%もの時間を「しなくていい努力」に費やしてしまっている!

上司は学校の先生ではない

みなさんは、上司をどのような（役割の）人だと思っていますか？

はずかしながら、20代の私は、上司を次のような人だと思っていました。

- **自分よりも専門性が高く、知識も多い人**
- **自分が困っていたら、導いてくれる人**
- **自分をマネジメントしてくれる人**

これではほとんど「学校の先生」です。

当時の私は、仕事で問題が発生すると、何の疑いもなく、〝先生に答えを聞くように〟上司に相談しました。しかし上司は「堀田君はどうしたいのか？」と、真顔で、ややきつい口調で、逆に私に質問したのです。

（えっ！　なんで笑顔じゃないの？　なにこの人！　逆に質問するの？）

私は上司と接するたびに、「理不尽だ！」と思い、ストレスを溜めていきます。

休職からの復帰後、仕事ができる先輩たちに、「上司とは何か？」と訊いてみました。するとみんな「私とは違う同じ答え」だったのです！

「上司は政治の世界で言えば大臣で、自分は官僚、といったところかな」

たとえの意味がわからず、ポカンとしている私に、先輩は逆にこう質問したのです。

「文科省の大臣と官僚、どちらが専門性が高くて、知識が豊富で、現場を熟知している？」

「大臣に教わっている官僚なんている？　国会中継を見ても、大臣が答弁に困ったら、官僚が教えてあげてるでしょ！」

・上司より部下の方が、その分野の専門性が高く、経験や知識も豊富である

・事情がわからない上司が判断できるように、上司を部下が導く

・部下は、上司〝を〟マネジメントする

できる先輩たちは、私とはまったく逆の上司像を持って、上司と関わっていたのです。

「君はどうしたいのか？」と上司に訊かれても、私と違ってストレスなんか感じません。だってはなから彼らは「自分が上司に教えてあげなければ」と思っているのですから。

「でもそれは、日本の政治やその企業が、特殊なケースだからじゃないの？」

そんなことはありません。むしろ外資系企業の方が、「上司に使われる」のではなく、「上司は使うもの」という意識がより強いと思います。また、海外のビジネススクールでは、大切なスキルの一つとして、「ボスマネジメント」を学びます。

もちろんそこでは、「上司にマネジメントしてもらう」ことなんか学びません。「部下が上司をどうマネジメントするのか」トレーニングをするのです。

テストのような「正解」なんてない

私は、このマンガのように、問題が起こるとすぐ上司に答えを聞きに行っていました。

では、なぜそうしたのでしょうか？　それは、学校のテスト問題のように、仕事の問題にも「正解」があると思っていたからです。

「100円のものを80円にしてくれ」とお客さんに言われると……

私はまず、「これは、経験したことのない、はじめての問題だ」と思います。そして続けて（無意識に）「この問題には、会社の『正解』があるはず」と思うのです。真面目な私はさらに続けて、「会社の正解以外のことを答えて、会社に迷惑をかけてはいけない」と考え、だからまずは「持ち帰って上司に〝正解〟を聞こう！」となるのです。

「100円のものを80円にしろと言われました……あの、どうしたら……」

私が上司に相談すると「君はどうしたいのか？」と逆に質問してきます。

「正解を教えてくれるだろう」という期待を裏切られた私は、イラッとし、理不尽だ！と憤り、そしてどうしたらいいか、とても不安になります。

（そうだ、先輩に聞こう！）

A先輩は、「〝俺だったら〟土下座してでも100円で売ってくる」と言います。

〝俺だったら〟が気になるので、念のため他の先輩にも訊いてみます。すると……

B先輩は、「営業はお客さん重視だ！〝俺だったら〟上司に土下座して80円で行く！」

C先輩は、「〝私は〟、5円下げるけど、その代わり量を増やしてもらう提案をするわ」

などと、みんな〝自分だったら〟の別々の答えだったのです。混乱した私は、「なんで正解を教えてくれないんだ！」「この会社はおかしい！」「人によって言うことが違うなんて！」とますますイライラし、理不尽だと思い、ストレスをためていったのです。

たしかに、学校では「先生によっていうことが違う」「学校によって答えが違う」なんていうことはありません。ほとんどの問題に「ひとつの正解」があるのです。

しかし、仕事という競技に、勉強のような「ひとつの正解」はあるでしょうか?

・次の新しい車のデザイン
・この冬のスープのCMに起用するタレント
・キャッシュレス決済をより簡単にするシステム
・居酒屋で絡んでくるお客様への対応
・「100円のものを80円にしてくれ」と言われた際の対応……

これらの仕事の問題に、「唯一の正解」なんて、あるわけがありません。

100円で売りたかったら、お客様を説得しましょう。逆に上司を80円で説得してもいいかもしれません。90円は……勉強だと「平均値」ですが、仕事では、お客様と上司の両方の説得が必要な、そして両者ともに喜ばない、あまり良い手ではないかもしれません。

唯一の正解なんてないから、上司は、「君はどうしたいのか?」と聞いてくるのです。「人に答えを聞く前に、まず自分の答えを!」という至極まっとうな質問だったのです。

インプットばかりしていたら、お金はもらえない

みなさんは、何をしに会社に行っていますか？

「スキルを高める」「知識を増やす」「成長する」「上司に認めてもらう」「モチベーションを上げてもらう」……恥ずかしながら、20代の私はこのようなインプット、つまり「自分がもらうこと」ばかりを考えて会社に行っていました。

勉強はインプットを目指してOKな競技です。「世界史の年号を覚える」「英単語を覚える」「数学の公式を理解する」……そのようなインプットを一所懸命やっていれば、成績が

上がり、先生に評価され、親に喜ばれます。

しかし、このようにインプット三昧の生活をするためには……親はそのかわりにお金をアウトプットさせられます。塾に行ったり、家庭教師をつけたり、と、自分のインプットのために他者を巻き込んでいくと、親はどんどんお金をアウトプットさせられるのです。

一方仕事という競技は、最終的にはお金をインプットして終わる競技です。みなさんも、毎月25日といった決まった日に、給料が振り込まれているはずです。

では、お金をインプットして終わるためには、どういう行動をしたらいいでしょうか？そうです。仕事に求められるのは、基本、「アウトプット」〝だけ〟なのです。

みなさんが会社の社長だったら、20代の私のように、自分の成長や上司にほめてもらうことばかり考えて、1日中ただ調べ物をして自分の知識を増やしている……そんなインプットばかりしている従業員に、みなさんの大事なお金を給料として払いたいと思うでしょうか？

もちろん、調べたり、知識を得たり、とインプットが必要な場面は仕事でもあります。しかしそれは〝なにかの価値を相手にアウトプットするために〟行うのです。「調べる」「知識を得る」といったインプットだけで満足してしまうのは、しなくていい努力です。

仕事は、きれいごとではなく、お金をもらう競技です。

逆に言えば、お客様は〝自分が一番もらえるところ〟にお金を払います。

みなさんがお店を選ぶときは、「同じお金を払うのだったら、どの店が一番もらえるのか？」を考慮して決めているはずです。ですから、仕事というのは「どれだけ与えるか」を競う競技であり、日々、アウトプットが求められる競技なのです。

まず「自分の勝ち」を考えるから負ける

受験勉強って、ある種残酷ですよね。

私の息子は、小学生時代の塾の夏合宿の時、「となりに座っているヤツが、半年後は敵だからな！」と講師に言われたそうです。

そこまで言うか……と思いますが、残念ながら、それがひとつの真実でもあります。自分があの中学に受かったら、友人は入れないかもしれない。友人が入ったら……という、とても厳しい、ゼロサムゲームや椅子取りゲームのような競技です。

ですから、勉強という競技では、「自分の勝ち」だけを考えます。逆にいえば、友人を勝たせたり、先生を勝たせたりなど、できないですし、いっさいしなくていいのです。

では、仕事という競技はどうでしょうか。

そうです。**仕事は、「相手を勝たせる」競技なのです。**

どのお客様も、自分を一番勝たせてくれるところと、取引をしたいのですから。

では、相手を勝たせるためにはどうしたらいいのでしょうか？　まず、「相手の勝ち」＝「相手が何をしてほしいか」を、ちゃんと知る必要があります。

つまり、「相手の立場」に立って考えることがとても重要になります。

それなのに20代の私は……

・メーカーの立場で、流通のお客様に一方的に提案する
・上司の都合を考えず、アポもとらずにズケズケと相談する
・そして上司に「今は忙しいので……」と言われると、逆ギレし、クレームを言う
・後輩育成の名のもとに、後輩に正論を言って、論破する
・他部署との打ち合わせで、相手を言い負かす

といった、〝自分の立場オンリー〟での「しなくていい努力」を何の疑いもなく重ねていきます。

そして私は、さらに、「しなくていい努力」を上塗りしていきます。

「相手の立場に立つことが大切だ」とは当時の私もよく聞いていました。しかしその意味をまったく勘違いするのです。それを聞いた私は、一所懸命に「相手の評価を気にして」ばかりいたのです。

相手の評価を気にする人、というのは、実は、相手の立場にはまったく立っていません。相手が自分をどう見ているか、つまり、相手の目を通して、結局は「自分」ばかり見ているのです。

そんな私でも、もちろん、「相手の立場」に立とうとすることはありました。

「お客様は何を望んでいるのか」「上司は自分に何を期待しているのか」

そんなことを、よく〝机の上で〟考えていたものです。しかし、机の上から観察したり、考えたりしているだけで、スピリチュアルな能力のかけらもない私が、はたして相手の立場をわかるのでしょうか？

そうです。相手がどうしてほしいのか（あるいはしてほしくないか）は、相手に聴かなければわかりません。それなのに私は、「自分から聴きに行く」ということをまったくしなかったのです。

「わかる」「知っている」で勝てる競技ではない

仕事がうまくいかないとき、みなさんはどうしていますか？

20代の私は、まず、「わかろう」「知ろう」と思います。

たとえば「商談」が上手くできなかったら、商談というものがなんなのか、頭でわかろうとするのです。具体的には、先輩に「商談ってどうやるんですか？」と尋ねたり、先輩に同行して実際の商談を見せてもらったりします。

そして……わかったら、知ったら、それでスッカリ安心してしまうのです。

受験勉強に勝つために大事な努力は、わかること、知ること、です。頭でわかったことを、答案用紙に書けば、「君、できるね！　合格！」と言ってもらえるのです。

しかし、同じ勉強でも、体育や音楽は違います。サッカーとは何か、ピアノ演奏とは何か、ということをいくら頭でわかっても、実際にサッカーができなかったら、ピアノができちんと弾けなければダメなのです。

では、仕事という競技は、受験勉強と体育とでは、どちらに近いのでしょうか？

そうです。体育に近いのです。商談、プレゼン、開発、設計、施工、接客……すべてサッカーや野球と同じ、「実技」なのです。

それなのに私は……本を読む、人に尋ねる、調べる、といった受験勉強のような努力ばかりします。

「わかるだけ」「知るだけ」という努力は、仕事という競技では、「しなくていい努力」です。

では、サッカーやプレゼンといった実技は、どうやったらできるようになるのでしょうか？　もうおわかりですよね。まず「やる」こと、そして「やり続ける」ことです。

サッカーもプレゼンも、1回目にいきなりうまくできるでしょうか？　そんなことはないですよね。

1回、2回、3回とやっても、それだけでは全然うまくできなくてあたりまえです。

つまり**上達するためには、必ず、「上手くできない時期」＝「恥をかく時期」が必要**なのです。

20代の私は、とにかく失敗を恐れていました。そして何より嫌な失敗は「人前で恥をかくこと」です。だから私は「できないことは、やらない」という選択をしてしまうのです。

だから、できることが一向に増えなかったのです。

テスト問題は職場では配られない

ちょっと思い出してみてください。

学校では、先生が問題を黒板に書いたり、問題用紙を配ってから、その後にみなさんのアクションがスタートしませんでしたか？

そうです。日本の学校教育は、恐ろしいほどに「受け身」の形で進行します。

変に主体性を発揮すると危険な競技なのです。先生が配る問題以外のこと、たとえばマンガを書いたりしていると、先生に怒られ、「問題児」のレッテルを張られてしまいます。

勉強でのこの擦り込みがすごいので、新卒の新入社員は、職場に配属されると、

「あの……私は何をやったらいいでしょうか？」

と上司に質問し、何の疑いもなく無邪気に「問題をもらいに」行ってしまうのです。

では、仕事という競技はどうでしょうか？

スティーブ・ジョブズには、「iPhoneを作るように！」という問題が配られたのでしょうか？

トヨタ自動車には、「ハイブリッドエンジンの開発」という問題が配られたのでしょうか？

そうです。**仕事は、「問題を自分で作る」競技**なのです。

そうは言っても現実的には、若手のうちは、問題が配られることがほとんどです。

「こんな感じの食材はできない？」

営業をしていると、このように、お客様から問題を頂けます。

そして、その問題を解くために、お客様と会社の間でドタバタしていると、あっという間に時間が過ぎていきます。ですから私は、何の疑いもなく、「配られた問題だけをやる」という努力を重ねていきます。

入社5年目で、「企画スタッフ」に担当業務が変わりました。

1日たっても、2日たっても、お客様からの電話はないですし、上司も、私に何も指示をしてきません。不安になった私は、

「あのう……私は、何をしたらいいでしょうか？」

と上司に尋ねました、すると上司は、心底ビックリした顔をして、こう言ったのです。

「このチームが、この会社が何をしたらいいか、それを考えるのが『企画』じゃないのかな!?」

さらに私は、こんな「しなくていい努力」もしていました。

たとえば、問い合わせのメールが1日に30通くると、その問い合わせに1通ずつ返信する、という努力を、何の疑いもなくやっていたのです。そんな私は、もしメールが60通になると……残業して、2倍の時間働くしかないと観念します。

一方、仕事ができる先輩たちは、まったく違っていたのです。

まず、「なんで30通も問い合わせが来るのか？」と考え、分析します。そしてHPの問い合わせが10件、プロジェクトメンバーからの問い合わせが10件だとわかったら……

「HPをより分かりやすくする」

「プロジェクトメンバーを全員集めて、2時間Q&Aをやる」

といった「本当の問題」を自分で創って、それを解決して、メールの数を劇的に減らしていたのです。

白か黒か、勝ちか負けかを競ってはいない

勉強は、特に受験勉強は、前述のとおり「ひとつの正解」がある競技です。

逆にいうと、正解がたくさんある問題なんて、採点できないから出せないのです。

ですから、マークシートで選択肢が４つあったら、「正解がひとつで、不正解が３つ」とまず判断します。

20代の私は、そんな勉強のようなノリで、仕事の選択もしてしまったのです。

・お客様に値下げを要請されたら、「受けるか、受けないか」で考える
・自分のプランに疑問を呈されたら、「押し通すか、あきらめるか」を選ぶ
・本社に「ＮＯ!」と言われたら、「泣きつくか、逆ギレするか」を選ぶ

・先輩同士の意見が違っていたら、「どちらが正しいのか？」と考える

このような2択の、白か黒かの選択は、多くの場合、「勝つ人」と「負ける人」を作ってしまいます。

「自分が仕事をたくさん抱えている時に、上司に新たな仕事を依頼された」

このケースで、もし上司の依頼を断れば、自分は「勝ち」で上司は「負け」になります。そして無理にOKして受ければ、自分は「負け」で上司は「勝ち」になるのです。

では、仕事という競技は、そのような「勝つか負けるか」の競技なのでしょうか？

この場面には、本当に「断るか」「受けるか」の2つの選択肢しかないのでしょうか？

「納期をもう少し延ばしていただければ、できます」

「もう二人くらい、後輩の手を借りていいのなら、できます」

「私が抱えているこの仕事を、同僚に振らせていただけるなら、できます」

「Aチームから依頼されているこの仕事の締切が明日なのです。上司のお力で、Aチームの課長にお話しいただき、締日を明後日に延ばしていただければできます」

少し考えただけでも、このようにいくらでも、もっと両者が満足できる選択肢はあるの

です。

そうです。仕事は「勝ちと勝ち」、つまりご存知のWin－Winをまず目指す競技なのです。

「やるかやらないか」「GOかSTOPか」「白か黒か」といった、2択の選択は、Win－Winにはけっしてならないのです。

仕事は個人競技ではない

上司がよけいな仕事ポンポン振ってくるんですよ!!
いらつく
えっそれがおかしいと思っているの?
先輩
あたりまえじゃないですか!!
自分の担当以外の業務をやるなんてただの損ですよ
サッカー選手は…
自分のエリアを決めてくれ!! そこ以外は動かない!!
って言うの?

勉強と仕事の、競技としての決定的な違いはなんでしょうか?

それは、「個人競技」と「団体競技」の違いです。

勉強は個人競技です。個人の数学、英語、物理、といった成績で競います。テストの時は、誰も助けてくれませんし、誰も助けることはできません。そして、個人の努力で、どんどん成績を上げていくことができます。

一方、仕事は団体競技です。自分ひとりでは絶対にできません。「売り手」と「買い手」の最低二人以上が絶対に必要です。そして、売るものを作るにも、一人ではできないことがほとんどです。原料を作ってくれる人、運んでくれる人、作る人、営業する人……それぞれが有機的に関わって行うのです。

それなのに私は、無意識に、個人競技のような努力を重ねてしまったのです。

私は営業でキャリアをスタートしましたが、「一人でサッカーをやらねばならない」と考えている選手のようでした。グラウンドの端から端まで、一人でドリブル突破して、誰にもパスを出さないで、敵を一人でなぎ倒して、一人でシュートを決めて……と全部一人でやらなければならないと思い込んでいたのです。

一方で私は、前頁のマンガのようなイライラもよく抱えていました。担当以外の業務を振られると、「割に合わない」「同じ給料なのに自分だけ損する」などと考えていました。なぜかといえば……やはり個人競技だと考えていたのです。学校のテストで、もし他人の分までやらされたら、確かに納得はいかないですよね。

しかし、仕事は団体競技です。サッカーでも「フォワード」「サイドバック」といったように、あらかじめ担当や役割は決められています。けれど、「自分のエリアを明確に決めてくれ！」「自分は決まったエリアでしか動かない！」と個人個人が言い出したら、サッカーという団体競技は成立しないのです。

チームに想定外の業務が発生したり、突発的な大トラブルが起きたりすることがあると思います。

実はそのときに、そのチームで、誰が「仕事ができる人」で、誰が「あまり仕事ができない人」と評価されているのかが判明します。

このようにチームが追いつめられた状況で、その仕事を振られる（任せられる）人が、実は上司や周囲から「仕事ができる」と日ごろから信頼されている人なのです。

逆にいえば、このような場面で、「君はいいから……」とその仕事を振られずにすんでいるとしたら、それはラッキーなことではなく、かなりピンチな状態なのです。

サッカーでも、チームが負けていて、あと5分しかないときは、かつての澤穂希《ほまれ》さんや、本田選手、大迫選手といった、「エース」と呼ばれる人にだけ、ボールが集まるようになります。そしてこれからは、若き久保選手がその役割を担うのかもしれません。

そうなったとき、澤さんや本田さんや大迫さんは、「損するからやらない!」と言うでしょうか?

仕事も、チームが一大事のときは、「エース」と呼ばれる人にだけ、業務が集中するのです。

第2章 コミュニケーション編

そのメールは「しなくていい努力」

トップ営業はベラベラしゃべらない

できる営業とは、もちろん『話の面白い口の上手い人』です!!
つまり『話し上手』をイメージしているの？
そうです
〝立て板に水のように話し、〝口八丁、手八丁〟でお客を言いくるめる……
じゃあ君は、そんな店員から買おうと思う？
いりません
ペラペラ
店員

「できる営業マン」＝「話し上手」という公式を、なんの疑いもなく持っていた私は、隙あらば相手が感心する話、面白い話をしようとチャンスをうかがい、そして、実際にとにかくよく話しました。

私の話に相手が感心し、面白い話には大笑いしてくれたこともあります。しかし、入社して3年が経っても私は、できる営業マンにはほど遠い男でした。

「優秀な営業担当から、秘訣を学ぼう！」というテーマの研修に事務局として関わる中で、私は、頭をハンマーで殴られたような衝撃をうけるのです。

自他ともに認める優秀な営業の先輩たちはみんな、まるで口裏を合わせたかのように、

「話さない＝お客様の話を聴く」

ことが、もっとも営業で大事だと口々に言うのです。

その理由は、大きく3つです。

1.「聴かなければ、相手が本当に何を望んでいるか、わからない」から

前でも書いたように、仕事は「相手を勝たせる競技」です。まずやらなければならないのは、「相手の勝ちは何か」をきちんと把握することです。相手のニーズを聴かなければなにもはじまりません。

2.人は、「自分の話を聴いてくれた人」の話しか聴かないから

あなたが悩みを二人の上司に相談したとします。

・上司A　あなたの悩みをじっくり5分聴いた上で「君もここは直した方がいい」と提言

・上司B「悩みがあるんです」と言った1秒後に「君もここは直した方がいい」と提言

もしも2人の提言内容が、一言一句同じだったとしたら、Aさんの提言の方が圧倒的に

受け入れやすいはずです。

トップセールスは自分の話を後ほど聴いてもらうためにも、まずは相手の話をたっぷりと聴くのです。

3．話をしっかりと聴いてもらえると嬉しいから

私の研修の中で、「お互いの悩みを5分間ただ聴く」というワークがあります。

終わった後に、「話してよかった、この5分間は有り難かった、という人は？」と聴くと、ほとんど全員が手を挙げます。「話し上手」と「聴き上手」では、どちらが喜ばれるかは一目瞭然ですね。

お客様のニーズもわからないのに見当違いの提案をベラベラと話し、後輩の話を聴きもしないで一方的にアドバイスし、「話し上手」を目指して常に自分ばかり話し続けていた20代の頃の私。「聴く」をおろそかにして、仕事がうまくいくわけがありません。

同じ解答を書いたって、同じ点数はもらえない

どういう「言葉」を話せば、上司は納得してくれるだろうか……

どういう「提案書」を書けば、お客様は買ってくれるだろうか……

20代の私のコミュニケーションへの興味と努力は、このように「言葉」や「文字」に100%注がれていました。つまり、「コミュニケーション力＝言語力」だと思っていたのです。

しかし、もちろんそうではありません。コミュニケーション力とは、「言語力＋非言語

力」なのです。

では、「非言語力」とはなんでしょうか。

洋服、髪型、姿勢、目線、表情、口角、声の大きさ、話す速さ、身ぶり……言語以外の、これらも、とても重要なコミュニケーションの要素なのです。

みなさんの同僚が、上司に報告をしています。どうやら、かなり初歩的な、そして重大なミスをしてしまったようです。その報告を受けた後、上司は、やさしくかつハッキリと、「『やる気』はありますか？」

と尋ねます。それに対しこの同僚は、下を向き、軽く舌打ちをしながら、上司の目も見ないで、か細い、消えかかるような声量で、「やる気は……ありま～す」とつぶやきます。

さて、みなさんは、この同僚が「やる気がある」と判断しますか？

私がこの小芝居を研修でするると、ほぼ全員が「やる気がない」と判断します。

いくら「やる気がある」と言語で示しても、それを伝える非言語にやる気がなかったら、多くの人は「非言語」のメッセージの方を受け取ってしまうのです（図２）。

私は、言語には細心の注意を払っていました。しかし、

・先輩のアドバイスを、パソコンをたたきながら聴く

・商談中に腕を組む
・会議で上司が発言しているときは、下を向いて自分の発表準備をしている
・上司に指摘されたら、露骨にムッとする
・相手にとって負担の大きい話を、無表情で、淡々と事務的に伝える

といったように、非言語力にまったく注意を払っていませんでした。

そして、非言語力のせいでうまくいっていないのに、「いまの発言のどこが悪かったのか」と、言語力だけを改善しようとする「しなくていい努力」を延々と続けてしまうのです。

さて、勉強という競技は、言語と非言語、どちらで勝負する種目だったでしょうか？

図2：まったく同じ「言語」のこの二人のコミュニケーション。はたして相手には「同じメッセージ」が届くだろうか？

がんばります
がんばります

そうです。特にテストは、ほぼ100％、言語力〝だけ〟で勝負するのです。答案用紙の同じスペースに、同じ言語を書けば、笑顔で書いても、仏頂面で書いても、必ず同じ点数がもらえます。

しかし仕事では、一言一句同じ「言語」を発しても、非言語が違っていたら、ある人はお客様から受注をし、ある人はお客様を怒らせてしまうのです。

テストされているのは、答案用紙だけではない

もうサイアクです!!
いい内容の提案を伝えたのに…却下されたんです…
提案書
ん？
上司はその時なんておっしゃったの？
先輩
それがもう意味わからないんです!!
その前にデスクを片付けなさい。
って言ってきたんです
ああ!!
それなら提案が通らなくて当たり前だよ〜

私は実際に「堀田君、その前に、自分の机を片づけたらどうか」の一言で、課長に提案を却下されたことがあります。その時は何のことかさっぱりわからず、「逃げたな……」「逆ギレしたな……」と上司を恨んだことを覚えています。

その後、自分が課長になって、やっとその意味が１００％理解できました。

机がいつも汚いということは、日ごろ「自己管理がきちんとできていない」ということです。

そんな自分の机ひとつマネジメントできない男が、「組織のマネジメントの改革案」を上司に提案したのです。そんな私の提案を、いったい誰が受け取るでしょうか？

「内容が良ければ、正しいことを言えば、人はそれでＯＫする」

20代の私はそう信じて疑っていませんでした。しかし、実際はどうでしょうか？

「時間厳守」という正論を、遅刻の常習犯から言われたら、あなたは納得するでしょうか？

コミュニケーションでは、言語＋非言語で「何をどう伝えるか」がたしかに大事ですが、「それを誰が伝えるか」がもっと大事なのです。

つまり、その人の「信頼性」です。これがコミュニケーションのベースです。

信頼性が高い人の提案と、低い人の提案とでは、同じ内容と非言語であっても、相手の受け取り方はまったく変わってしまうのです。

・机の上が汚い
・平気で会議に1～2分、遅刻する
・2年目から、会社にかかってくる電話を取らない
・シュレッダーに紙ごみがたまっているのに気づいても、自分では絶対に交換しない
・週に1度と決まっている経費精算を何か月も溜める
・いつも一方的に話すばかりで、人の話を聴かない
・上司が会議で発表しているのに、無視して自分の発表準備をしている
・自分の目標の売上数字を達成していない

日ごろこんなことをしている私が、どんなにいい内容の提案書をニコニコ笑って持って行っても、相手がそれを信頼し、納得するわけがないのです。

しかし、当時の私は、そのことにまったく気づけません。

提案が通らないと、「提案内容が悪い」としか考えないのです。そして、本質的な自分

の「信頼性」という問題に目を向けることなく、提案内容を変えて、また却下されて……と「しなくていい努力」を続けてしまったのです。

同じクラスの、同じ人とだけ話していても仕事にはならない

相手に失礼のないよう気をつかいプレゼンスキルも磨いているのに…
成果が出ない…
そうか
では、いつも誰と商談しているの？
もちろん田中さんです。当社の窓口担当です。週3は会ってますから!!
えっ…いつも同じ部署の人しか会ってないの？それじゃあ仕事が進まないよ…

私は営業担当だったので、とにかく「商談力」を磨かなければ、と気負っていました。商談が上手い先輩にも同行させてもらい、見せてもらいました。

私の担当は外食チェーンの大手企業です。窓口は仕入部で、加工食品を扱う当社は田中バイヤー、などと、きちんと担当が決まっています。

私は何の疑いもなく、窓口の担当者に通い詰め、何度も何度も商談を重ねました。懸案の商談力も、場数を踏むことによって、徐々に高まっている実感はあります。

しかし、私の売上はどんどん下降していったのです。

「ダメな営業って、『ネズミの回訪』なんだよな……」

あるとき、上司が、私にボソッとつぶやきました。続けて、

「ネズミを迷路に入れると、ずっと同じルートしか通らないんだって。それと同じで、ダメな営業って、いつも同じ人にしか会いに行かないんだよな……」

と私の目を見て、言ってくれたのです。

そのとき私は……残念極まりないのですが、そのメッセージが〝私に向けたものである〟ことに気づけなかったのです。

担当者とどんなに懇意になっても、そしてその人にどんなにキレキレの商談をしても、その人がキーパーソンでなかったら、それは「しなくていい努力」なのです。

もし窓口の田中さんが上司に信頼されていなかったらどうなるでしょうか？　いくらあ

なたが田中さんと仲良くなって、考えに考えた提案書を渡しても、その提案書は上司にあっけなくNGを出されてゴミ箱行きかもしれません。

ひょっとしたら、「仕入部」ではなく「開発部」が力を持っていて、そこの青木さんがメニューから使う食材まで、すべてを決めてしまっているのかもしれません。もしそうであったら、田中さんやその上司を一所懸命説得しても、青木さんと商談をしない限り、話は決して前には進みません。

どんなに信頼性の高い人が良い内容の提案を、どんなにステキな非言語をそえて伝えても、相手を間違えていたら、絶対に成果は出ません。

「商談力」「プレゼン力」といった、「舞台の上で演じる力」は大切です。

しかし、コミュニケーション力とは、それだけをいうのではありません。

自分からアポを取る、自分から会議を設定する、といった「舞台を作る力」も大切なのです。

そしていい舞台は、待っていても与えられる保証はありません。いい舞台に立ちたかったら、自分で創らなければならないのです。それなのに私は完全に〝受身〟でした。「与えられた」「決められた」安全な舞台でしか、演じようとはしないのです。

優秀な営業の先輩の「行先ボード」には、「仕入部」だけでなく、「開発部」「営業部」「広報部」と、毎日違った行き先が書かれていました。それを当時の私も見てはいたのですが……

ただ見ていただけで、残念ながらそこから何も学ばなかったのでした。

メールは万能のコミュニケーションツールではない

私は、「ＩＴ革命」の前後を、現場で体験しています。

たしか、1994年くらいだと記憶していますが、全員にパソコンが支給され、「eメール」なるものを仕事で使い始めたのです。恐る恐る使い始めた私は、すぐに「これは、いい時代になったぞ！」と思ったのです。

たとえば対面や電話だと、「お時間よろしいでしょうか？」と、コミュニケーションを始めるにあたり、同意をとることがまず必要になります。すると、かなりの確率で、「しばらく忙しいので……」「いまはちょっと時間が無いな……」などと断られてしまいます。前述のとおり、「舞台を作る」ことが苦手な私は、そのような「拒絶」される場面がとにかく嫌だったのです。

その点eメールは安心です。自分から発信しておけば、相手はまたどこかで返信してくれるのです。

ということで、私のコミュニケーションは、どんどんeメールに集中していきました。そして、徐々にトラブルが増えていったのです。

まず、いきなり激怒されたり、不機嫌になられたりすることが増えてきました。

そして、30名にメールでアンケートを送ったら、期日にほとんど戻ってこなかったのです。

「こんなに丁寧なメールなのに、なぜ怒るのか！」「メールを打ったんだから、返すのが礼儀だろ！」私はイライラし、相手を心の中でののしり……ついには、休職してしまいます。

復職後、この「なんでもeメールに頼る」という努力が、いかに「しなくていい努力」だったか、やっとわかりました。eメールは、私が思っていたような、万能のツールではなかったのです。

まず、eメールでは「非言語メッセージ」が届けられません。「申し訳ございません」と書いたからといって、その人がどういう〝気持ち〟で言っているかまで、伝わる保証はないのです。「申し訳ございません」という言葉〝だけ〟だと、相手が逆に「開き直りだ！」「形だけだ！」と受け取ってしまうリスクもあります。プライベートのメールやLINEなら、絵文字やスタンプで〝気持ち〟の部分も補えますが、ビジネスのeメールではそれはできません。

「eメール」とはそもそも何でしょうか？「Electronic mail」ですから、「電子郵便」、つまり、「電子で送れるようになった〝郵便物〟」のことです。つまりその本質は、手紙や年賀状、そしてダイレクトメールと同じただの「郵便物」なのです。

では、郵便物は、送れば、必ず返事がくることが保証されているものなのでしょうか？　そんなことありませんよね。もし「そうだ」というなら、私は、マンションのポストに入ってくる不動産の売り込みチラシの担当者に、毎日返信しなければならなくなります。

「ここはまず電話で至急お詫びの気持ちを伝えて、アポを取って、対面で徹底的にお怒りの気持ちをぶつけてもらって、それから改善策はきちんとメールで書面を送ろう」

「ここはまずメールを送って、それから電話して、ご不明な点をヒアリングしよう」

仕事ができる人は、このように、それぞれのツールの強み、弱みを知った上で、相手と状況によって、その最高の組み合わせや使う順序を考え、ちゃんと使い分けていたのです（図3）。

図3:「対面」「電話」「ｅメール」の強みと弱み

	対面	電話	メール
メッセージの幅	言語＋非言語	言語+一部の非言語（声の大きさ、高さなど）	言語のみ
制約	相手を同じ時間と空間に制約する（いま、ここ）	相手を同じ時間に制約する（いま、どこでも）	相手の時間も空間も制約しない（いつでも、どこでも）
コミュニケーションを開始するために	相手の同意が必要	相手の同意が必要	相手の同意は不要
コミュニケーションの方向性	双方向	双方向	一方通行（「送る＝返る」ではない）
相手の反応	言語だけでなく、表情、身振り、声の大きさ、といった非言語すべてで確認できる	言語だけでなく、声の大きさ、早さ、間、といった一部の非言語で確認できる	・送っただけではわからない ・返ってきても、言語的な反応しかわからない
記録性	無し	無し（録音できれば「有り」）	有り
緊急対応性	△（相手が遠い場合、難しい）	○（電話に出られれば）	×（見ている保証はない）

「先生にはわかる話」は、お客様にはまったく伝わらない

あの工場の担当者『ポートフォリオ』をわかっていないんですよ～ 話にならないですね～
え！工場の人にポートフォリオと言ったって…
はい
先輩→
レベルが低くて、話にならないです。まったく…
えっ？池上彰さんは小学生にマクロ経済のこと伝えているよ？
いいしつもんですね！

「もっとマーケットをセグメンテーションして、プライオリティをつけて、セールスフォースを集中して投入した方がいいと考えます」

入社早々の営業会議で、先輩のこのような発言を聞いた私は、「かっこいいな～」としびれてしまいました。そして、「自分も、こういうレベルの高い話ができるようになろう！」と心に誓ったのです。

もうおわかりですよね。私の「しなくていい努力」が。

「ショックやサスというより、アッパーマウントかもしれません。どちらにしても一回バラさないとわからないですが……バラすと、アライメントが狂いますが、どうしますか？」

車検に出した車屋さんの、若い担当者さんから、先日こんな電話をいただきました。

私はどちらかといえばクルマ好きの人間ですので、何を言っているのか、かろうじて理解できました。でももし、まったく車に興味のない主婦の方にこんな話をしたら、まったく何も伝わらないどころか、大クレームに発展するかもしれません。

勉強という競技の採点者は、基本、「先生」と呼ばれる、その道の専門家です。

ですから専門用語だらけの話をしても伝わりますし、むしろ高く評価されるかもしれません。

しかし、仕事という競技のコミュニケーションの相手は、当然ながら、専門性が高い人ばかりではないのです。ですから、工場の担当者に「ブランディング」や「ポートフォリオ」などと言ったところで、伝わらなくてあたりまえなのです。

「どんなレベルの人」にもきちんと伝えられる人が「レベルの高い伝え手」です。

世界経済を小学生にわかるように解説できるから、池上彰さんはレベルが高いのです。

先輩は、同じ部内での会議では、冒頭のようなカタカナの専門用語を多用した、ある種〝手を抜いた〟話をしていましたが、一歩外に出たら、相手に合わせた、より簡易な言葉使いを心がけていたのです。

しかし私は、どこでも、誰にでも、専門用語を多用した話をします。ですから当然相手には伝わりません。すると当時の私は、反省するどころか、

（なんだこの人、レベル低いな……）

と内心思い、伝わらなかったことを相手のせいにしてしまいます。そして時には、自分が勝った気になって、満足していたのです。

「自分がしてほしいこと」を相手にしてはいけない

営業では『自分がしてほしいこと』を
相手にするよう心掛けています
えっっ
自分がしてほしいことを本当に相手にするの？
はい！ 私も成長したでしょう？ やっと相手の立場に立てましたよ。
ニョキッ
フフ
じゃあ君は、自分が大好きだからとベジタリアンを焼き肉に連れていくの？
あっ

「支店長から○○社のことを教えてくれと話があった。急だが明日の9時に報告する。悪いが堀田、至急報告書を作成してくれ」

入社早々のある日、上司からそう声をかけられました。○○社は私のクライアントです。

（支店長へのレポートか！　よし、最高の報告書を仕上げるぞ！）

（〝俺が支店長だったら〟どんな報告書を読みたいか……やはり、すべてがわかる『完璧なレポート』だな……）

そう思った私は、Ａ４で20枚くらいの力作を、残業して作り上げました。

「堀田、できたか？」

翌朝そう尋ねる上司に、私は意気揚々とその力作を手渡しました。すると上司は、

「うわ！　なんだこの量は。こんなに書いたのか」

と驚き、

「支店長にもらえた時間は〝5分〟だぞ！」

「しょうがない、口頭で報告するか……今度からは、Ａ４１枚でたのむな！」

と、ほめてくれるどころか、やや怒気を含んだその一言を発し、その資料を持たずに、支店長室に消えていきました。

〝私が支店長だったら〟欲しかったのは、「Ａ４で20枚の精緻な報告書」です。

しかし、〝現実の、超多忙な支店長と課長〟が望んでいたのは、「5分でわかるＡ４１枚の報告書」だったのです。

「『自分がしてほしいこと』を相手にしてあげる」ことと、「相手の立場に立って考える」

「相手のニーズを満たす」こととは、まったく違います。

だって、相手は、自分ではないからです。「『自分がしてほしいこと』を相手にしてあげる私」は、結局は「自分の価値観」「自分のニーズ」を「相手に押しつけていただけ」なのです。

では、どうしたら、「本当の相手の立場」を知ることができるのでしょうか？

もうおわかりですよね。相手に聞けばいいのです。

「ご報告の時間はどれくらいですか？」「レポートの分量はいかがしましょうか？」

このように聞けば、「5分だからA4 1枚！」と課長は教えてくれたのです。

しかし、またしても私は、失敗してもそのことに気づきません。「『自分がしてほしいこと』を相手にしてあげる」というしなくていい努力を延々と続けます。

自分の頭の中で、自分を軸に「相手のニーズ」を勝手にこしらえ、その妄想のニーズをもとに創り上げた提案を相手にぶつけます。そしてマイナスの反応がかえってくると、「こんなに一所懸命やってあげたのに！」と逆ギレし、逆恨みする……そんな日々を重ねてしまったのです。

好かれようとしてばかりいたから、嫌われた

人間関係で大事なのは、『いかに相手に好きになってもらえるか』ですよね?

えっ……相手に好かれる……ことを大事にしているの?!

先輩
はい!! お客様にも上司にも後輩にも好かれる自分でありたいです!!

えっ? では……好かれようとばかりする人と自分を好きになってくれる人どっちが好き?

えっ

私はとにかく、人に嫌われることを恐れていました。ですから、「相手に好かれるように」常に心掛けていました。そしてもちろん、そのことになんの疑いも持っていませんでした。

しかし、例の「優秀な営業の先輩にヒアリングする研修」の中で、またまた私は、頭をハンマーで殴られるような衝撃をうけることになったのです。

営業の優秀な先輩たちは、今度は口々に、こう言ったのです。

「お客様には、絶対に好かれようとしないこと」

そして、追い打ちをかけるように、こう続けたのです。

「そのかわり、『お客様を好きになること』は、100％やること」


「えっ！　……どうして好かれようとしてはいけないのでしょうか？」

心の底から疑問に思った私は、営業の優秀な先輩に、素直にその疑問をぶつけました。

すると先輩は、少し悲しそうな顔で、私に諭すように、こう告げたのです。

「結果的にお客様に好かれてしまうのは問題ないよ。ただ、『好かれよう』という努力はしないいね」

「堀田君はお客様から、『もらうこと』しか考えていないんだね……売上をください！　さらに僕のことを好きになってください！って」

「それは逆じゃないかな？　お客様は、自分に一番与えてくれる人に、売上をあげようとするんじゃないかな」

「もし品質と価格がまったく同じだったら、お客様は、『自分のことを好きになってくれる営業』と、『好かれようとはするが、そのくせ自分のことは好きにならない営業』と、そのどちらから買おうとするかな？」

「だから僕は、逆に『お客様を好きになる努力』は100％したけどね……」

私は絶句して、ただただ茫然と立ちすくんでしまいました。

そしてこれは、なにも営業だけの話ではありません。社内の人間関係でもまったく同じことが言えます。

当時の私は、上司にも「好かれよう」としました。しかし、上司を「好きになる」努力はまったくしません。

「教えてください！」「判断してください！」「同行して助けてください！」そして「好きになってください！」……だけど「あなたを好きにはなりません！」「仕事以外の話は興味ありません！」……

このように、「好かれよう」とはするが「好きになろう」とはしない人は、良好な人間関係を築きあげることはできないのです。

相手に議論で勝ったら、仕事には負けていた

「あいつ情熱はあるけど、論理的じゃないんだよな……」

「○○さんのマーケティングプラン、ほれぼれするほどロジックが完璧で……」

「本社に異動したときは、自分がいかに論理的じゃないか、痛感させられたよ……」

周囲に飛び交うこんな会話を耳にした私は、

（「論理的思考力」が、この会社ではとても重視されるんだな！）

とすぐに気づきました。

おかげさまで、私にはもともと、論理的思考力の素養がそなわっていたようです。早い段階で、上司からも、「お前は意外と論理的だよな」などと言ってもらえるようになりました。

（よし！　ロジックを俺の最大の武器にしていこう！）

私は、自分の論理的思考力を磨くことに、最大の力を注ぎます。努力の結果、他部署との打ち合わせでも、先輩である相手を論理で言い負かすまでに成長しました。

私は、自信を深め、その道を突き進みます。

この「しなくていい努力」を重ねた結果……

ますます人間関係が悪化し、どうにもならなくなっていったのです。

「商談に勝つやつは、商売には負ける」

優秀な営業の先輩が、ヒアリングの中で、こうつぶやきました。そして、

「とにかく、絶対にやってはいけないのは、お客様を論破して、言い勝ってしまうことです」

「なぜなら、お客様は、『自分を一番勝たせてくれる人』にだけ、発注をするのですから」

「だから、『お客様がいかに勝っているか』を、営業は話せばいいのです」

と、論理的に話を続けたのです。

もちろん、ビジネスにおいて、論理的思考力はとても大事です。

しかし、「論破する」「言い負かす」方向で、つまり「自分が勝って、相手が負ける」ようにロジックを駆使しても、絶対に成果は出ないのです。

なぜならビジネスは、お客様を、相手を勝たせた人だけが、結果的に勝てる種目だからです。

ロジックは大事です。が、何より大事なのは、それを使う「ベクトル（方向性）」だったのです。
・自分を論破する店員から、買い物をするでしょうか？
・自分を言い負かす相手に、他部署の人はついてくるでしょうか？
・自分を常に負かそうとする先輩に、後輩はついていこうと思うでしょうか？
・上司に論戦をふっかけ、言い負かす部下を、上司は助けてくれるでしょうか？
それなのに、その過ちに気づかない私は……

ますますロジックを磨き、相手を言い負かせて……と、「しなくていい努力」をムキになって続け、ますます人間関係をこじらせ、仕事を難しくしていくのです。

仕事ができる人は、自分の意見を通そうとはしない

私は、「自分の意見を通すこと」が第一だと考えていました。

論理的思考力を磨いたのも、「自分の意見を通すため」です。

ですから、自分の意見に反論されるのが一番嫌でした。

そしてなにより、「A」を提案したら「B」と言われる、あの時の、ギスギスする摩擦のような感覚が、怖くもあり、とても嫌でした。

もしAとBという意見がぶつかったら……私は自分の意見を通すか、それがかなわないとわかったら、できるだけ早くどちらかに決めてもらいたい、と願っていました。

Aを選んでもBを選んでも、必ずどちらかが「嫌な思い」をしなければなりません。

だったら、そんな嫌な時間をできるだけ短くするためにも、第三者の上司がサッサとAかBかを決めてくれればいいのに……と、そう考えていたのです。

この入り口の考えが、大間違いでした。

仕事ができる人たちは、私と違って、「違った意見」と「摩擦」を大歓迎していたのです。

なぜ大歓迎できるのか……

それは、Aよりも良く、Bよりもさらに良い、「C」という答えを見つけようとしているからです。

Aよりも良く、Bよりも良い「C」が見つかれば、どちらも嫌な思いなんてしません。

大満足です。

逆に言えば、意見の違いがないと、人の摩擦がないと、「さらにいい答え」は見つからないのです。

「A」の人が「A」の人と会議すれば、摩擦はなくスッキリと「A」で決まります。上司が最初から「B」と言ったら、摩擦もなくBですんなり決まります。しかし、それでは、「C」というより良い答えは、絶対に生み出されないのです（図4）。

それなのに人との違いや摩擦を避け、違ったら論破するという「しなくていい努力」をした私は、自分のアイデアをより良くするチャンスを失い、結果的には人との摩擦をより増やしてしまっていたのです。

図4

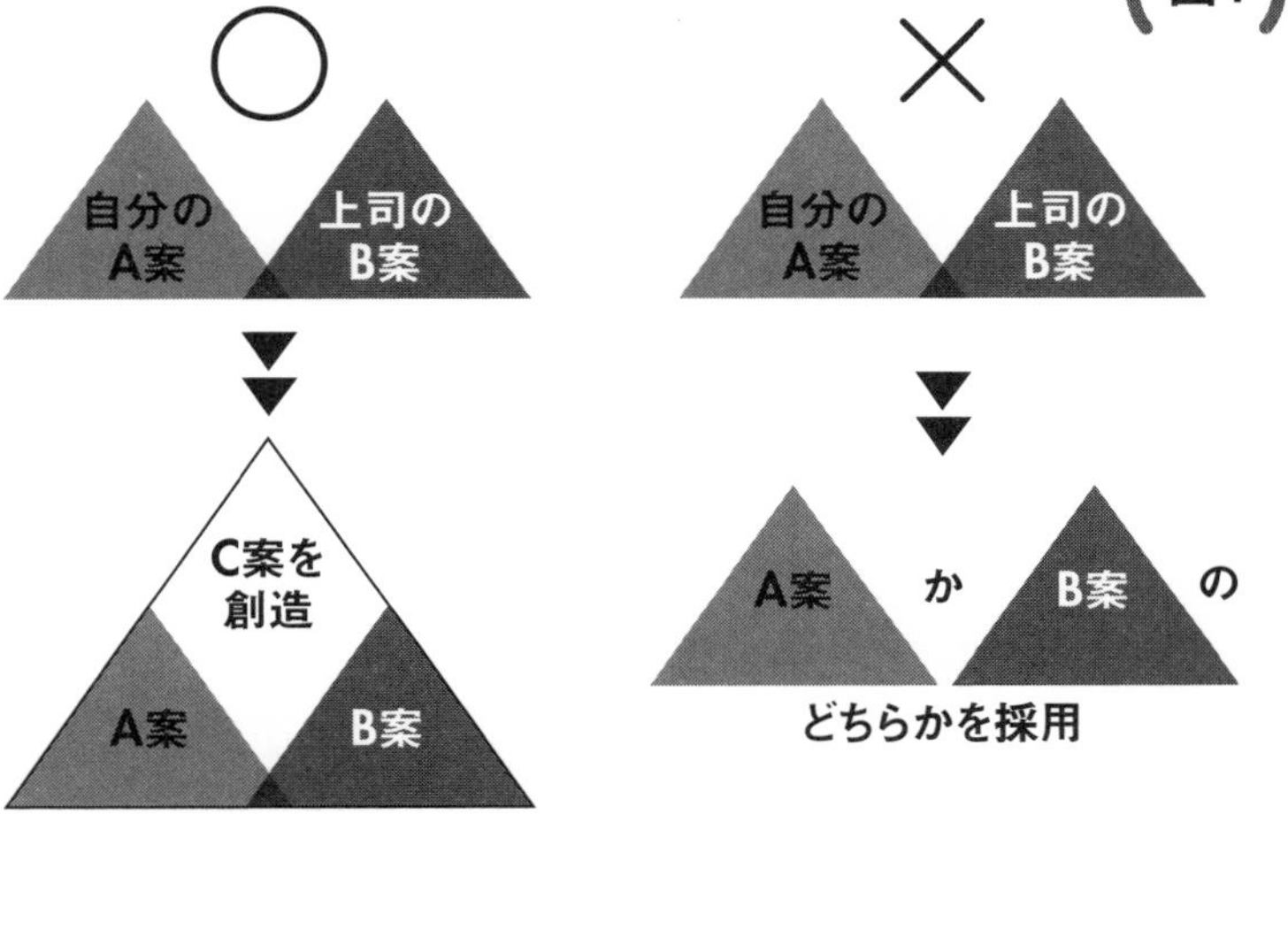

○
自分のA案
上司のB案
C案を創造
A案
B案
×
自分のA案
上司のB案
A案
か
B案
の
どちらかを採用

担当者を説得した資料は、その後何の役にも立っていなかった

提案書を書く時に大事なのは『いかに担当者が納得できるか』その1点です!!
提案書
えっ？相手の担当者を説得するような提案書を書くの？
先輩
はい!! その提案書を見て担当者が
よしこれだ
と思ったら決まりです!!
担当
提案書
目の前の担当者だけ説得できてもその人の上司はどうやって納得させるの？
上司
担
提案書

お客様に「提案書」を出したり、課長に「企画書」を出したりする場面がありますよね。

そういった場面で、みなさんは何を心がけていますか？

私は「担当者」や「上司」を説得するような資料を作り、一所懸命に〝目の前にいるその人だけを〟説得するように努力したのです。

私のコミュニケーションの相手は、常に「目の前の人」、ただ一人だけでした。

もちろん、目の前の人を大事にすることが、コミュニケーションの一番大切なことのひとつであることに疑いはないでしょう。

しかし、仕事の（社会の、といった方がいいかもしれません）人間関係は、「自分と相手」でプツッと切れている、なんてことはなく、網目のように、どこまでも広がっているのです。

たとえば、私が、「担当者」を説得する資料を書き、1対1の商談で無事に説得できたとします。

では、私は、無事に売上をGetできるでしょうか？

それは……難しいと言わざるを得ません。

なぜなら、それなりの規模の会社組織というのは、担当者の一存だけではモノゴトを決定できないからです。担当者がその上司の課長を説得して、課長が部長を説得して、部長がさらに本部長のOKを取って……そういうプロセスを経なければ、組織としての「決定」にはなりません。

私が担当者を説得するために書いた資料は、無事に説得できたとしても、そこで役目を終えて、その担当者の机の中にしまわれて、ハイ、それでおしまい、です。

これは、なにも営業だけに限った話ではありません。社内でもまったく同じです。

仕事ができない私は、その目の前の人だけを一所懸命に説得します（下手すると論破します）。だから、私の企画は社内でも通らなかったのです。

「担当者が〝その上司を〟説得できる」

「上司が〝その上の経営陣を〟説得できる」

そのような資料を作り、目の前の人と一緒に、どうやってその上の上司を説得していくのか考える……そんなコミュニケーションをすべきだったのです。

個人のお客様や、中小企業の社長が相手なら、「相手の立場」に立ち、その人に「Yes」と言ってもらえる努力をすればOKです。しかし、それなりの規模の組織で、関係者が複数いる場合には、「〝相手の相手〟の立場」といった、さらにその先の先の立場にまで心を配る必要があるのです。

第3章 デイリーワーク編

100点を目指すのは「しなくていい努力」

どんな業務でも、自分らしい仕事はできる

私は、誰がやっても同じような、小さな仕事が嫌いでした。

嫌い、というより、正直に言うと、バカにしていたのかもしれません。

そういう私ですから、必然的に、

「経費処理（交通費の清算など）」「受電（部署にかかってきた電話に率先して出ること）」

「整理整頓（デスクや営業車）」「懇親会の幹事」……

などの小さな仕事、つまりいわゆる「作業」や「雑用」からはできるだけ逃げようとし、

どうしてもやらざるを得ないときは後回しにし、手を抜いたりしていました。

私の研修の中に、

「高級旅館の下足番《げそくばん》でもできる、価値ある仕事のアイデアをたくさん出す」

というグループワークがあります。

「下足番」という業務、わかりますか？

ホテルでは靴は脱ぎませんが、旅館は靴を脱ぎます。リーズナブルな旅館ですと、脱いだ靴をしまったり、館内用のスリッパを探したり、といったことはお客様が自分でします。しかし、高級旅館では、それを旅館がしてくれます。そしてそれをしてくれる人を、「下足番」といいます。

毎日、靴を預かって、スリッパを勧めて、スリッパを片づけて、お客様の靴を下駄箱から出して……そんな、一見だれがやっても同じ業務の繰り返しです。

よーいスタート！　と言うと、

「お客様の靴を磨く」「帰りの渋滞情報をお教えする」「玄関に季節の花を生ける」「写真撮影を買ってでる」……

といったさまざまなアイデアが、参加者から毎回たくさん出てきます。

このワークは、

「下足番という業務でも、いくらでも『自分ならではのいい仕事』ができる！」

「だから、下足番という業務は、決して、『雑用』でも『作業』でもない！」

ということを、毎回必ず証明するのです。

下足番という業務で、ただ、女将さんに言われたとおり、靴とスリッパの交換だけをしていたら、それはたしかに誰でもできる「雑用」であり、「作業」です。

しかし、同じ下足番という業務でも、前述のような「自分ならでは」の価値が30個でも40個でもいくらでも出せるのです。

靴を磨いたり、天気予報を伝えたり、写真撮影を買ってでたり、手作りのＭＡＰで付近の観光案内をしたり……自分で考えて、そのようなことをしている下足番を指して、「雑用」「作業」などとバッサリと切り捨てる人はいません。女将さんも、「いい仕事をしているわね！」と目を細めて言ってくれるはずです。

それなのに私は、

・小さな仕事を与えられた瞬間に、「誰がやっても同じ！」と決めつける

・そして言われた通りに、つまらなそうに、雑にやる

……そんな「しなくていい努力」を、なんの疑いもなく重ねてしまったのです。

小さな仕事を「雑用」だと決めつける人には、大きな仕事は任せられない

私だって、下足番のように一見単調な仕事で、自分ならではの価値を出せることには、薄々気づいていました。

でも、「やる意味がある」とは、思えなかったのです。

だってやってもやらなくても、日本の会社は同じ給料なのです。それに、いくら張り切ってやったところで、社会がそれで大きく変わることはありません。だから、下足番時代はエネルギーを温存して、企画部門にでも行ったら、思いっきりがんばろう！　そんなことを考えていました。

たしかに経営企画部では、都市の再開発をしたり、ショッピングモールを建てたりと、世の中に〝1万点〟くらいのインパクトがある、大きな仕事ができます。実際に就活の会社説明会で聴くのは、このような大きな仕事です。

それに比べて下足番には、10点くらいのインパクトしかありません。いくら自分ならではのアイデアを30個考え、実践しても、10点が12点～15点になるくらいです。逆にいえば、手を抜いても8点、7点くらいになるだけです。どちらにしても新聞に載るような大きなインパクトはありません。

そしてたしかに、日本の会社は、15点の下足番にも7点の下足番にも、基本、同じ給与を支払います。ですからお金のことだけを考えたら、ある種「やった方が負け」かもしれないのです。

では、少し視点を変えて、人事部長や社長の目線で、このことを見てみましょう。

みなさんが社長だったら、新卒の新入社員にいきなり経営企画の1万点の仕事をさせますか？

あまりにリスクが高すぎるので、そうはさせないはずです。

ということで、多くの会社では、新人たちは本社ではなく、いっせいに現場で下足番のような仕事からキャリアをスタートさせることになります。

ある新人は、その10点の業務を、12点、15点でやっています。一方で、雑務だと馬鹿にして、やったって給料は変わらないし、と考えて、6点、7点、で嫌々やっている新人もいます。

その時点で、たしかに二人の給与は変わりません。

さて、3年後に、人事異動のタイミングがやってきました。

この二人が、同じ「経営企画部」に異動希望を出してきました。では、みなさんが人事部長だったら、どちらを経営企画部に異動させるでしょうか？

もうおわかりですよね？

10点の仕事を6点とか7点でやっている人に、会社は絶対に1万点の仕事を担当させません。

なぜなら、その人は、1万点の仕事を、6千点、7千点でやり、会社と社会に大損害を与えると見られるからです。

小さな業務を雑にやっている人は、大きな業務も雑にやるのでNGだと判断されます。

小さな業務を自分の力で大きくした人だけが、その後、大きな業務を任されていくのです（図5）。

図5

下足番を命じられたら、
日本一の下足番になってみろ。
そうしたら誰も君を下足番にしておかぬ。

阪急電鉄の創業者　小林一三

20代の私がこの言葉を聞いても、「経営者が上から偉そうに・・・・」
「『つべこべ言わずに働け!』ということね……」くらいにしか受け取らなかったでしょう。
小林さん自身が、決して順風満帆ではない、どちらかといえば悩みの多いキャリアの人だったと知ってから、この言葉がとても優しく響くようになりました。

100点満点を目指すと落第する

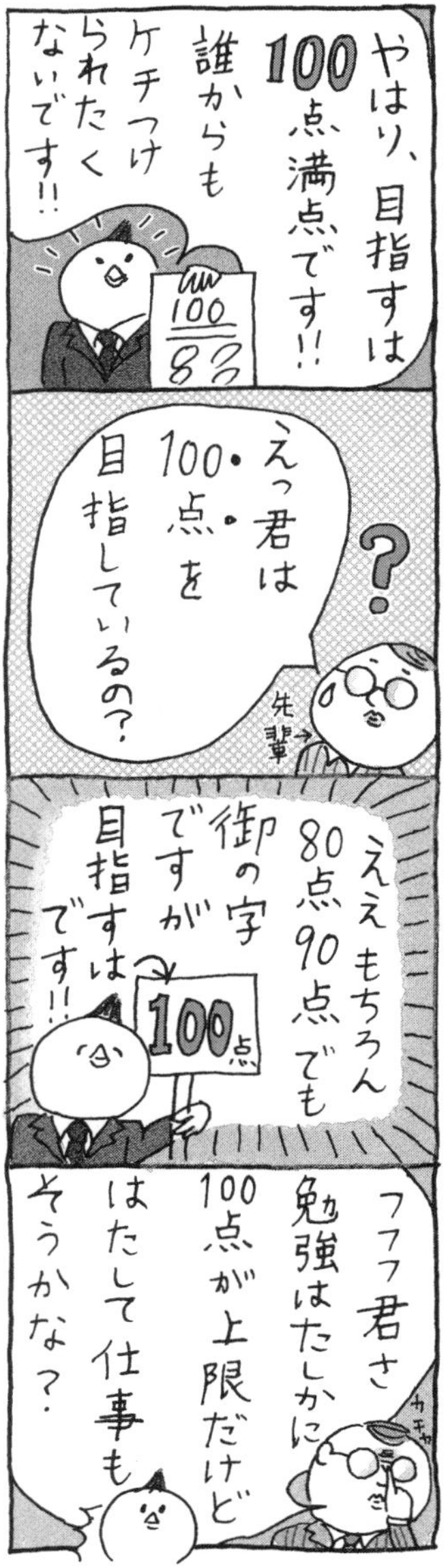

私は仕事を、勉強のようにやってしまいました。

つまり、「与えられた仕事（＝配られたテスト問題）」を100点でやろうとしたのです。

しかも、下足番のような小さな仕事は、受験科目以外の美術や技術と同じように、60点、70点でいいや、と割り切っていました（美術や技術の先生、ごめんなさい！）。

しかしこれも、残念ながら「しなくていい努力」でした。

与えられた10点の仕事を、10点、つまり満点でやっても、他に12点、15点でやっている人がいたら、いい評価はしてもらえません。

仕事の点数には、勉強と違って「満点」「上限」というものは存在しないのです。

旅館の仕事を、今度はお客様の立場から考えてみましょう。

予算1万円で、1泊2食の宿を予約し、旅行することを想像してみてください。

泊まってみた結果、6千円、あるいは8千円の価値しか感じなかったとします。さて、この宿に、1万円出して半年後にまたリピートをしようと思いますか？

この質問を、私は研修で1万人以上にしてきましたが、ここで「リピートする」と答えた人は、ほぼ「ゼロ」です。「1万円の期待に対し、6千円、8千円で応えた」ということは、60点、80点の仕事をした、ということです。勉強では良い点数かもしれませんが、仕事では「リピートゼロ」が現実ですから、かなり厳しい点数になります。

では、1万円で泊まってみた結果、1万円ピッタリの価値を感じた場合、半年後にこの宿にリピートするでしょうか？　他に1万円で泊まれる宿はいくらでもあります。

私が1万人に聞いてきた結果は……「リピートする」という人は、わずか10％未満なのです。

お客様は、100点には決して満足しないのです。

みなさんは、1000円出して、1000円ピッタリの価値のランチのお店に通い続けますか？

もっと良い、1200円のところはないか、1500円の価値のお店はないのかと、どんどん検索して、見つけて、乗り換えているのではないでしょうか？

つまり、「100点」の仕事では、競争環境にある場合、事業の存続すら危ぶまれるのです。ですから、旅館をつぶしたくなかったら、下足番も料理番も、みんなで、**100点〝以上の〟価値を出す努力をする必要があります。**

・ガラケーしかなかった世界に、「スマホ」を提案する

・ガソリンエンジン全盛期に、「ハイブリッドエンジン」の車を発売する

・蛍光灯しかない世界に、「LED」を普及させる

これらは、その発売当時、誰もが120点どころか、200点！　1000点！　と認めた、価値の高い仕事です。

「こういうスマホを創ってください」「これがハイブリッドエンジンというものです」と設計図を渡されたら、多くの技術者はすぐにそれを創ることができます。逆に言えば、

誰でもできるから、その仕事はたいして評価されません。

　誰も考えつかないところで、あるいは多くの人が反対する中で、「ブレーキを踏んだら蓄電できるシステムにチャレンジしましょう！」と、自分から良い問題をどんどん発見して、まわりを巻き込んで、実現していく……そういう努力が、仕事という競技では大きく評価されるのです。

ビジネスの価値は、「ヒト・モノ・カネ」だけではない

当社の商品とお客様のお金を交換する・・・のが営業の仕事です!!
お金
客
商品
えっ？商品とお金を交換してくるのが営業の仕事なの？
そうですよ だから商品説明がきちんとできなければダメなんです!!
商品説明
商品説明をして金額を伝えるだけだったら……暗記したアルバイトでもいいってこと？
えっ

私は営業でキャリアをスタートしましたが、そもそも営業とは何をする仕事なのか、よくわかっていませんでした。

商品説明をして、金額を伝えればいいんだろう、くらいにしか考えていなかったのです。実際に商品説明をして「１００円です」と伝えると、お客様は「80円にして」と言う……

そうなると、もう私はゲームオーバーです。私がやれることはもうありません。

社に帰って、学校の先生だと思っていた上司に「正解」を聞きに行きます。すると上司は、「君はどうしたいんだ？」と逆に質問してきます。どうしたいのかと言われたところで……私が思いつくのは、値下げするか、ではいくらか、といったことくらいです。

「価値のある仕事をしよう！」

「当社ならではの価値を創造しよう！」

この言葉を私自身、何回も聞き、そして使いましたが、実はその「価値」とは何かをまったくわかっていなかったのです。

そんな私のモヤモヤを最後に吹き飛ばしてくれたのが、40歳の時に読んだ、1冊の本にあった1つの表でした。

その名も、「価値の一覧」です（図6）。

仕事で出せる価値は、「商品」や「お金」だけでなく、こんなにもたくさんあったのです。

当時の私は、「商品」という価値を、「お金」という価値に交換することしか考えませんでした。

しかし、他の担当で、お客様の店舗に試食販売員という「人材」と、食材などの「資材」を送り込み、試食販売会という「サービス」を行う、という企画をして、それらの価値を「商品」に上乗せして、お客様にOKをもらう、という営業をしていた人がいたのです。

さらに一歩進めると、それらの「知性価値」以外に、「感性価値」というものもあ

図6:「価値の一覧」

知性価値	現金、商品、サービス、サポート、資材、人材、保証、保険、契約、権利・ライセンス、時間、値引き、知的財産、その他金額換算できる付加価値など
感性価値	信用、名誉、実績、経験、知識・ノウハウ、ブランド、認知度、評判、顧客ロイヤルティ、好意、誠意、真心、やる気、努力、向上心、安心感、人徳、人脈、地位、自由度、柔軟性、創造性、可能性など

出典:「戦略的交渉力 交渉プロフェッショナル養成講座」平原由美・観音寺一嵩(東洋経済新報社)

ります。

もし「商品」や「サービス」、「サポート」といった知性価値が、ライバル社と「同値で同価値」になったら、仕入担当者は何を決め手に購入先を決めるのでしょうか？

たとえば、その仕入担当者が腰の調子が悪かったとしましょう。Aという営業は、そのことには特に触れず、事務的に商談を進めます。一方Bという営業は、「腰痛治療の名医を3人紹介する」という「人脈」という感性価値をプラスで与えたとします。

さて、仕入担当者は、AさんとBさんのどちらから「商品」を購入したいと考えるでしょうか？

これは営業だけの話ではありません。社内の人間関係も同じです。

たとえば部下が、「知識」や「ノウハウ」をタダでもらいに、上司のところにきます。

Aは、「上司からタダでもらって当然」という態度です。

一方のBという部下は、「知識」や「ノウハウ」をただ上司からもらうのではなく、自分からは上司に、「好意」や「誠意」や「やる気」といった「感性価値」をどんどん与えます。

さて、この2人の、どちらが上司といい関係を築くことになるでしょうか？

ちなみに「人材」や「資材」といった「知性価値」と違って、「人脈」や「好意」「誠意」「やる気」といった「感性価値」はコストゼロです。しかもいくら使っても減りません。

自分が出せる価値を、狭く限定してする仕事は、ほとんどが「しなくていい努力」に直結します。

その考えは、すぐに、「これしかできない」という決めつけとあきらめにつながるからです。

生産ラインのような、**一見やることが決まってしまっているような業務でも、「やる気」や「安心感」といった、出せる価値は必ずある**のです。

仕事には「時間割」はない

学校には、文部科学省か、あるいは学校がちゃんと考えた時間割があります。

つまり、「このとおりにやっていれば、中学3年間で学ぶべきことは、全部手に入ります」ということが保証されているのです。

ですから、与えられた時間割を疑わずに、何も考えずに、目の前の教科に集中していれば大丈夫です。逆に言うと時間割以外のことをやるのは危険です。たとえば数学の時間に、主体性を発揮して英語をやったりすると、猛烈に注意されてしまいます（ですから勉強という競技は、基本的に「受身」であることが求められるのです）。

では、仕事という競技はどうでしょうか？

私は新人研修、現場での実地研修を終え、7月からいよいよ担当企業を与えられて、営業活動をスタートさせることになりました。まず前任者となる先輩に連れられ、担当交替のあいさつに伺いました。先輩はさらに取り組み経緯と現在の納入アイテム、売上額などを丁寧に引き継いでくれます。そして上司は私に、「半年後の売上金額を、○○円にしてほしい」と目標を伝えました。

いよいよ営業開始！となった日の朝、私は意気揚々と上司にこう問いかけました。

「課長、おはようございます！　私は今日、何をやったらいいですか？」

すると、課長はビックリした顔をし、その後は、こんな会話になったのです。

上司：「何をやったらいいかって、既にきちんと説明したよね？」

私：「いや……今日何をやったらいいかは……伺っていませんが……」

上司：「半年後の売上を○○円にしてくれ、と伝えたよね。そのためにどうしたらいいかは、営業担当なんだから自分で考えてくれないかな」

私は驚き、フリーズし、そして「理不尽だ！」と心の中で憤慨したのです。

仕事という競技では時間割は与えられません。

「半年後に売上を○○円にする」というゴールを与えられたら、どうやったらそこにたどり着けるのかを、つまり手帳を駆使してそこに至る時間割を作るのは担当である自分だったのです。

実は、**仕事という競技は、本来はゴールも自分で考えるもの**です。独立したら、社長には誰もゴールなど教えてくれません。あたりまえですが社長が自分で考えるのです。

私は仕事に、図7でいえば勉強のようなAの数式を期待していました。つまり、何をやるかは上司が決めてくれてあたりまえであり、やり方もある程度は教えてくれるものだと期待していたのです。しかし、営業の課長が私に求めたのはBでした。だから、理不尽だと思い、ストレスを溜めて

図7

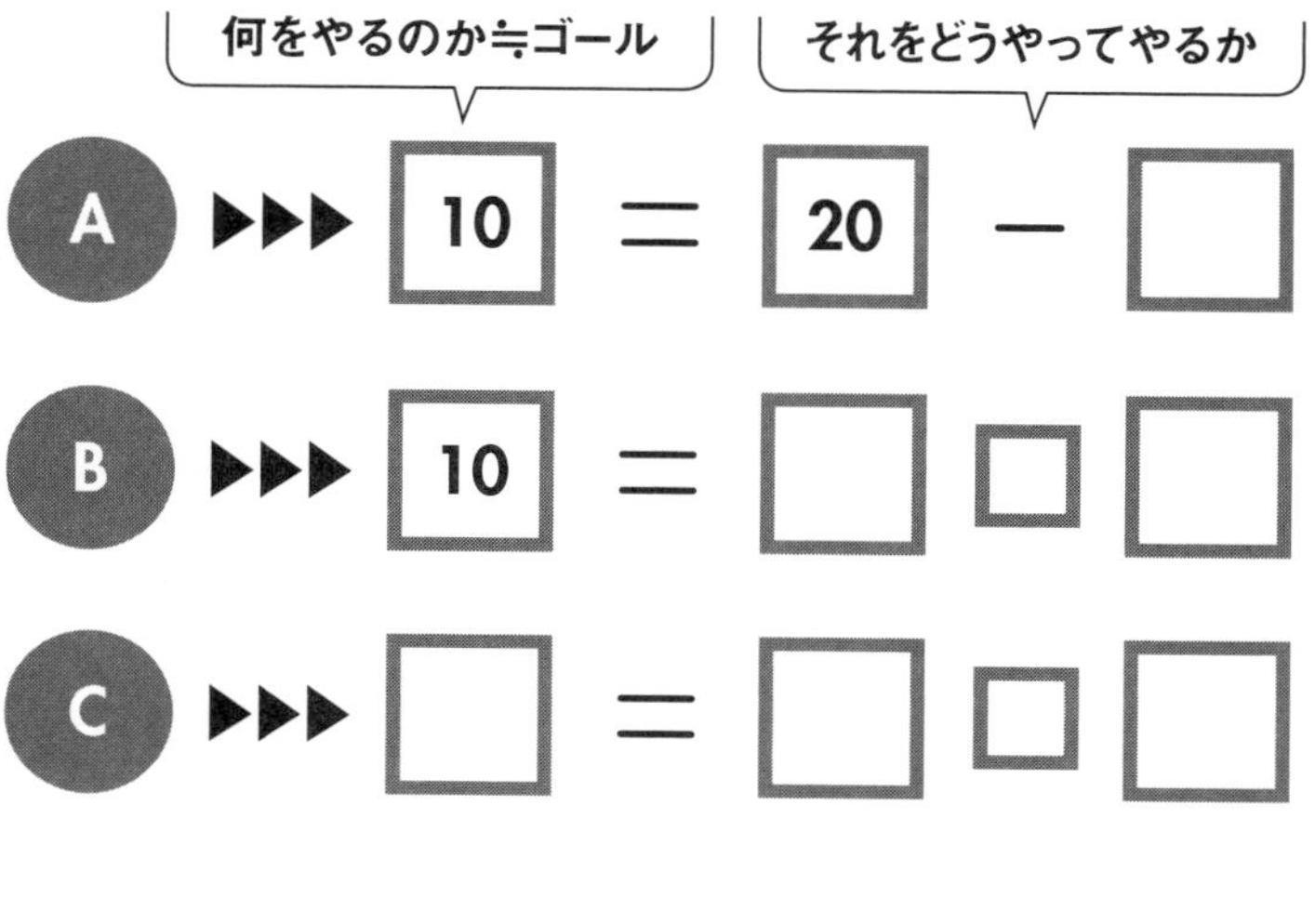

何をやるのか≒ゴール
それをどうやってやるか
A
10
=
20
−
B
10
=
C
=

いったのです。そして本社に異動した私は、本来の仕事の形であるCを期待され、手も足も出ず、挫折してしまったのです。

実は、一見同じ下足番も、現場ではA、B、Cの人にわかれています。Aの下足番は、「玄関をきれいにしなさい、やり方はこうしてください」と教えてもらって、はじめてそれをします。Bの下足番は、「玄関をきれいにしなさい」と言われたら、やり方は自分で考えます。そしてCの下足番は、なにも言われなくても、自分で玄関をきれいにする、というテーマを決めて、実行するのです。

下足番時代からCの仕事をやっておかなかったから、私は本社に行って、挫折したのです。

手帳は「忘れないため」だけでなく、「忘れるため」に使う

さて、手帳はなんのために使うものなのでしょうか？

後から知ったのですが、この質問は、仕事ができる人とできない人が、真逆の答えを出す有名な質問なのです。

20代の私は「〝忘れないため〟に使う」と答えます。そして、仕事ができる人は、逆に「〝忘れるため〟に使う」と答えるのです。

20代の私の手帳は、単なる「アポ帳」でした。たとえばクライアントへの提案日が決まったら、手帳の21日金曜日の9：00のところに「○○社　提案」と書くだけでした。

一方で、仕事ができる先輩は、21日金曜日の9：00のところに「○○社　提案」と書

いた後に、
↓「20日（木）」のところに、「提案書最終仕上げ・プリントアウト5部」
↓「19日（水）」のところに、「上司の最終チェック」
↓「18日（火）」のところに、「提案書　上司チェック版作成」
↓「17日（月）」のところに、「提案書　前田先輩のチェック」
↓「14日（金）」のところに、「提案書　先輩チェック版作成」
↓「13日（木）」のところに、「提案書作成に必要なデータ収集」
といったように「ゴール」だけでなく、そこに至る「段取り」を逆算して手帳に書いていたのです。
　実は、当時、
「段取りまでちゃんと書いた方がいいぞ！」
と、先輩に直球でアドバイスされたことがあります。しかし私は、曖昧に返事をし、それまでどおりの「アポ帳」のままで突き進みます。なぜなら、「自称：頭のいい私」は、
（そんな細かい段取りなんて、わざわざ書かなくても、ちゃんと頭の中で考えてるからいいよ）

と、書く手間を嫌がったからです。

そうです。私にも段取りはありました。頭ではちゃんと考えてあるのです。

では、そんな私はどうなったかというと……夜同期と楽しくお酒を飲む会でも、休日に友人と遊んでいても、その段取りを〝忘れないように〟ずっと頭に思い浮かべ、考え続けなければならなくなってしまったのです。なぜなら、手帳に「書いていないから」です。ですから、夜でも、休日でも、プライベートの時間も常に〝忘れないために〟頭の中で反復して、思い出し続けていなければならなかったのです！

そしてそれを「ストレス」といいます。

一方、ちゃんと「段取り」も手帳に書いた先輩は、書いた瞬間、そのすべてを忘れていたのです。友人とお酒を飲むときも、家族との休日も、仕事のことなんかすべて忘れています。その先輩が唯一覚えていたのは、「仕事になったら、手帳を見る」たったこれだけです。

手帳は、**「備忘録」**や**「アポ帳」**だけでなく、**「計画帳」**であり**「ストレスマネジメントツール」**でもあったのです。

「矛盾の無い仕事」にはあまり価値はない

～もう!!
今度の上司
コスト下げて品質UP
なんて言うんですよ～
まいったなあ
えっ？
『コストを下げて品質を上げる』って
おかしい？
コストDOWN
品質UP
上司
矛盾じゃないですか？
小学生だって
品質UPがコストUP
になるくらい
わかりますよ
君はテレビを
買う時
『今のより良くて
今のより安いの』
買って
いない？
コレイイナ

「去年よりもいい資料を、去年より早く作る」

「より良くて、よりコストが下がる製品を作る」

「去年よりも成果を出して、去年より残業時間を減らす」

「今年から後輩育成を新たにはじめて、去年以上の営業成績を残す」……

私は、このようなことを言われるのが、とても嫌でした。

「えっ！　それはムリ！　だって矛盾しているから！」

と瞬時に思ってしまうのです。ですから、猛烈に反発したり、あるいははなからバカにして相手にしなかったり、といった対応をとっていました。

しかし、現場には、そのような「矛盾」をちゃんと克服している人たちがいたのです。

そして自分がお客の時は、私は、「性能がすごく上がったのに、価格はむしろ下がった」と、その「矛盾」した商品を喜んで買っていたのです。

「コストを上げて、品質を上げる」これは矛盾がありません。ですから、どの会社の、どのエンジニアも簡単にできます。そしてどこの誰でもできるから、残念ながら、あまり価値はないのです。

たしかに、「コストを下げながら品質を上げる」のは、言うほど簡単なことではありません。

できる会社も、できる人も、限られます。だから、価値があるのです！

私がそのような矛盾をムリと決めつけていたのは、実はある大きな勘違いをしていたからです。それは、「価値＝コスト」という思い込みです。だから、価値を上げるためには、絶対にコストを上げる必要があると信じて疑っていなかったのです。

では、価値＝コストなのでしょうか？　同じコストをかければ、同じ価値になるのでしょうか？

たとえば、まったく同じコストの紙と絵具があります。その同じコストを使って描いた私の絵と、ピカソの絵には、同じ値段がつくでしょうか？　同じ価値でしょうか？

「コストと価値が違う」ということがわかれば、一見矛盾に思えることにも、いくつもの活路が見えてきます。先ほどの「価値の一覧」がそのいい例です。「感性価値」をいくら付加しても、基本的にはコストUPにはならないのです。

シンプルに言えば、「価格か？　品質か？」「後輩育成か？　自分の営業数字か？」など、「どっちですか？」「どちらですか？」といった「2択」で考えてする仕事は、かなりの確率で「しなくていい努力」につながってしまいます。

「いい仕事といい人間関係」「個人の幸せと会社の幸せ」「いい言語といい非言語」「いい製品と短い納期と安いコスト」……

これらは「どっちか？」「どれか？」というテストのマークシートのような2択の、あるいは対立軸のものではなく、「どちらも」「どれも」の両立のチャレンジをして、まったく問題がなかったのです。

仕事ではカンニングがOK

私は、営業部門からマーケティング部門に異動したのをきっかけに、挫折しました。

復職後、その原因を分析した私は、敗因を「自分の知識不足」と結論づけました。

営業の知識や調味料の知識があっても、冷凍食品のマーケティングができるわけがない。

だから失敗したのだ、と考えたのです。

復職後、私を受け入れてくれたのは、支店の総務部でした。またまた、求められる知識が大きく変わります。

（今度こそ、同じ失敗はしないぞ……）

私は経理の本も読み、労働基準法の本も読み……と、必要な知識をすべて自分の頭にたたき込もうとしました。こうして、死に物狂いの努力が始まったのです。

しばらくして、ある疑問が私の中に芽生えてきました。多くの先輩や同僚たちは、私のように、違う部門に異動したからといって休職したりはしません。では、どの人も、私のように必死になって、自分の頭の中に知識をたたき込もうと努力しているのでしょうか？

もちろん、本を読んできちんと自分の知識を増やしている人はたくさんいました。

しかし、それだけではなかったのです。その人たちは、私と違って、わからないことは、わかっている人に聞きながら、悠々と仕事をしていたのです。

私は、仕事という競技を、勉強のような「個人競技」としてとらえてしまっていました。勉強はすべて自力で答えを出さなければなりません。カンニングはＮＧなのです。だから、すべての知識を自分の頭に詰め込む必要があります。

しかし、仕事は団体競技です。カンニングもＯＫなのです。他の人から教えてもらったアイデアを、自分のお客様に提供しても、それが著作権などの権利を侵害していなければまったく問題はありません。

私は、仕事は、「Ｋｎｏｗ　Ｈｏｗ（ノウハウ）」でやるものだと考え、一所懸命そのＨｏｗ（やりかた）を自力で手に入れようと努力をしました。

一方、仕事が**できる人は、「Ｋｎｏｗ　Ｗｈｏ」で仕事**をしていたのです。

つまり、「これは、誰に教えてもらったらいいのか」を、きちんと知っているのです。著作権のことならＡさん、労務管理のことだったらＢさん、定性調査手法ならＣさん、と「その分野のスペシャリスト」をちゃんと知っていて、困ったときは瞬時に教えてもらえる、そんな関係性を築いていたのです。

もうひとつ私の障害になっていたのは、小さなプライドだったのかもしれません。私は、なぜか素直に、「知らない」「わからない」「できない」が言えない人間だったのです。

本当はわからないのに、なぜか、瞬時に「わかってます」「ああ、知っていますよ」「はい、できます」などと答えてしまい、その結果、一人で抱え込んで……慌てて本を読んで……結果失敗して……ということをほんとうによく繰り返していました。

なんでも自力でやらなければ！　という努力は、仕事では「しなくていい努力」です。

いま振り返れば、「知りません」「できません」と謙虚に、正直に答えていたら、周りが助けてくれて、実はほとんどのことはそれで解決だったのです。

「私の担当ではありません」が、一番お客様を怒らす

勉強という競技は個人競技です。ですから、他人の解答ミスをあなたが謝る必要はありません。

しかし、仕事という競技は、何回も言うように、サッカーなどと同じ団体競技です。

サッカー日本代表が負けた時、香川選手や大迫選手が、「僕はちゃんと点を取りましたよ。この敗戦はそれ以上に点を取られたディフェンスやゴールキーパーのせいです！」とインタビューで言っていたら、観客のみなさんはどう思いますか？　また他の選手は、こ

の選手を〝チームプレーヤーとして〟信頼するでしょうか？

私がよく使っていた、「私の担当ではありません」という言葉は、もっとも簡単にお客様やチームメイトを怒らすことのできる、魔法の言葉だったのです。

「こんな小さな具材ではライバルの商品に見劣りします！　もっと具を大きくしてください！」

営業だった私は、よくこんなことを本社に言っていました。「具を大きくするだけなんだから、そんなの簡単だろう！」そう考えていた私は、自分がまともな「提言」をしていると、信じて疑っていなかったのです。

本社勤務になって、自分が「全体」を見る立場、つまり営業にそんなことを言われる立場になってはじめて、「具を大きくすること」がそんなに簡単ではないことを知るのです。

たとえばその商品が、クラムチャウダースープで、あなたが大きくしたい「具」が「クラム貝」だったとしましょう。まず、世の中に大きな貝があるかどうか、探すところからはじめなければいけません。もしあったとしても、北は北海道から、南は九州沖縄まで、欠品しないだけの量が確保できるか、です。さらに、もしこの貝から菌が出て、食中毒になったらどうなりますか？　また貝が大きくなったら、パッケージの写真を撮り直しますよね。ではそのコストは？　パッケージを作り直すということは、古いパッケージの在庫はどうするのでしょうか？　そうそう、小さな貝の在庫は？　それは、自分のボーナスで買い取ってくれますか？　具が大きくなって、工場のパイプに詰まったりはしませんか？　もし詰まったら、設備投資までするのですか？　そもそも、その大きな貝は、味はＯＫなのでしょうか？　他の具材との大きさのバランスは？　そしてコストは？　もしコストアップしたら、まさか値上げするのですか？　値上げしないなら、どこで吸収するのですか？

そうです。「具を大きくしろ！」という営業の立場の〝部分最適〟の発言は、〝全体最適〟を考えている人たちからしてみれば、極論すれば、単なる「野党の文句」と同じだったのです。

たしかに、入社３年目くらいまでは、「いいからまず自分のことをちゃんとやれ！」と言われます。まだロクにパスもドリブルもできない選手が、チーム全体のことを心配していたら、逆に怒られるかもしれません。

しかし、キャリアを重ねているのに、まだ「自分の担当」「自分の立場」で何の疑いもなく仕事をしているのだとしたら、それは、「しなくていい努力」です。

「自分の仕事」「私の担当」……私が仕事を語る時、その主語は常に「I」でした。

「私たちの仕事」「我々の商品」と、主語が「We」になるまでに、ものすごい遠回りをしてしまったのです。

1回×となっても、それで終わりとは限らない

もうあきらめます この企画 上司がダメと言うんですから!!
えっ？ 上司がダメだと言ったら、あきらめるしかないの？
先輩
それはそうですよ〜 上司がダメならダメ。しかたがないです…
トホホ
しかたがない？
上司に再提案している人まわりにいない？

「本社がもう降りろと言ってきました。しかたがないです。あきらめます」

「お客様はこの商品は不要だそうです。残念ですが、しかたがないですね」

私は、本社や上司やお客様に、1回「NO」と言われると、このように「しかたがない」とすぐにあきらめていました。

たしかに勉強という競技では、1回×となったものは、後から書き直してもダメです。しかたがないからスッパリあきらめましょう。

では、仕事という競技も同じでしょうか？ 1回×と言われたら、もう「しかたがない」、つまり「しかたがない＝選択肢はない」のでしょうか？

そんなことはありません。世の中には、翌日、「一晩考えたのですが、やはり私はこれをやりたいんです！」と再チャレンジしているビジネスパーソンは、いくらでもいます。

実は私は、「こんなにあきらめてばかりいたら、評価もされず、本社にも行けないぞ！」と気づき、今度は、一気に反転して、〝常に〟再チャレンジするようになったのです。

これも残念ながら、「しなくていい努力」でした。

仕事は、「あきらめる」か「再チャレンジするか」の2択ではないのです。

私の研修の中に、「上司が自分の企画を否定した後に、自分が取れる選択肢を、1分間で、グループでたくさん挙げてみる！」というワークがあります。すると……

「上司の上司に持ち込む！」「賛同者を募って、3人でもう1回提案する！」「上司を飲みに誘い、ほろ酔いのころを見計らってもう一回頼み込む！」「『と、おっしゃいますと？』と、上司がNGな理由をもっと丁寧に聴く」「会社を辞めて、そのアイデアをライバル会社に売り込む」……

わずか1分で、このように、5個も10個もたくさんの選択肢が挙がるのです。

ですから、仕事という競技では、選択肢が2択しかない、なんていうことはあり得ないのです。

それなのに私は、あきらめるか、再チャレンジするか、という2択で仕事をし続けるという「しなくて努力」を重ねていくのです。

勉強という競技は、マークシートで4つの選択肢があったら、すぐにその中から一つの正解に絞り込んでいく競技です。「瞬時に選択肢を絞り込む」のが勝ちパターンです。

一方、仕事というのは、追い込まれたと思ったときほど、「選択肢を拡《ひろ》げる」競技です。

多くの選択肢を持った中で選んだ方が、絶対に自分でも納得感があります。

そうしていくと、「結局は、上司でも本社でもなく、『自分が』選択をしているんだ」ということがわかってきます。そうです。「常に前向きな人」ではなく、どんな場面でも、その選択肢を自分で考え、「選択の主体者」であり続ける人のことを、仕事では「主体的な人」と言うのです。

第4章 キャリア編

資格取得や留学は「しなくていい努力」

資格取得や留学経験＝ビジネスキャリアではない

「ビジネスキャリア」を高めるためには、「履歴書の『資格』欄」に書けることを増やします!!
技能検定 合格証書
えっ!! 転職でも考えてるの?
?!
←上司
いえいえ 自分磨きに とりあえず TOEICでも 受けてみようかと…
TOEIC
TOEICが10点上がったら、仕事の契約がもっと取れるのかな?!
ペロペロ
ウッ

「ビジネスキャリアを高める」

そう聞いた時、私が真っ先に思いついたのは、「資格」取得や「語学力」の向上、そして「留学」といったものでした。

勉強は、「どれだけインプットしたか」を競います。ですから、語学力の向上や留学による資格の取得は、そのままダイレクトに、学歴にはプラスに働きます。

一方仕事は、「どれだけアウトプットしたか」を競う競技です。資格取得もＴＯＥＩＣ

の点数アップも大事ですが、知識をインプットしただけでは「ビジネスキャリア」とはいいません。

それらを使って、何をどれくらいアウトプットしたか、が問われるのであり、アウトプットしたものを指して、「ビジネスキャリア」と言うのです。

実は私、その昔に「調理師免許」を取得しています。しかし、取得後、「料理」で人を喜ばせた経験はほぼ〝ゼロ〟です。さて、私には「調理師」というビジネスキャリアがあると言えるのでしょうか？

キャリアという言葉の語源は、ラテン語の「ｃａｒｒｕｓ」だと言われており、その意味は轍《わだち》です。やはり、キャリアというのは、乗り物の中に積みこんだものを指すのではなく、自分が通ったあとに、自分の外に残した跡のことをいうのです。

私は時々研修の中で、「それまでに自分がインプットしてきたもの」と「それまでに自分がアウトプットしてきたこと」を書き出してもらいます。

インプットの筆頭が「給料」です。たとえば入社3年目なら総額いくらになるのか計算します。他にも、上司から教えてもらった知識、先輩から学んだノウハウ……などがインプットにあたります。

アウトプットは「どのような知性価値や感性価値を、だれに、どれくらい与えたか」です。

書き終わったら、こう聞きます。

「インプットしたものと、アウトプットしたもの、金額換算するとどうなりますか？」

アウトプット側の金額の方がもっとも高い人が、会社から見れば、真っ先に雇いたい人です。転職の面接でＰＲすべきは、アウトプットの実績の方です。「同じ給料でも、私の方がより多くアウトプットしますよ！」というのが、会社に対するＰＲになるのです。

もし皆さんが会社の経営者だったら、インプットの方が多い人を、自分の会社に雇いたいと思うでしょうか？

資格取得や留学など、**インプット〝だけ〟でアウトプットしなければ、ビジネスキャリアは高まりません。**

ビジネス本を読み漁っても、実技力は上がらない

『論理的思考力』を高めるため、専門書を読み、研修も受けようと思います。
専門
えっ？本を読めば『論理的思考力』が身に付くの？
先輩
ええ できれば何冊か読んだ方がいいでしょうね……
ズラ～リ
論理的思考
じゃあ サッカーの本を読めばサッカーできるようになるの？
うう…
サッカー
うまくなる本

勉強は、再三お伝えしているとおり、「知識」などのインプットを競う種目であり、常に「わかっているのか」が問われます。

しかし、仕事はスポーツや音楽と同じ「実技」です。商談もプレゼンも、サッカーやギターのように、本を読んだだけでは絶対にできるようにはならないのです。

サッカーの本を100冊読めば、サッカーが上手くなる……

それはムリです。サッカーが上手くなりたかったら、実際にグラウンドに入って、サッ

カーをやらなければなりません。ですから、「ビジネスキャリア＝ビジネス知識の豊富さ」だととらえて、とにかくたくさん本を読み、単に知識を増やせばいいと考えていたら、それは「しなくていい努力」の筆頭になってしまうのです（図8）。

「ああ、MECE《ミーシー》（モレなく、ダブりなく）のことですよね」

「はいはい、ロジックツリーですよね。わかります」

このように、「論理的とはどういうことか」は本を読めばすぐにわかります。

では、本を読めば、論理的なアウトプットがすぐにできるかというと……それはム

図8:仕事で評価される人の順番

1 「知っていて、している人」

2 「知らないけど、している人」

3 「知らなくて、していない人」

4 「知っているけど、していない人」

りです。

実際に論理的なプランが書ける先輩たちに、「どうやって、そうなれたのか」を聞いたことがあります。その先輩たちが、異口同音に言ったのは、

・まず、プランを書いた
・そのプランを、論理的な先輩たちに、四方八方からメッタ切りにされた
・それでもあきらめずに、書き直してくらいついた
・そんなことを、10回、20回、50回、１００回と繰り返した
・そうしたら、論理的なプランが書けるようになっていた

というプロセスだったのです。

もちろん、知識があることは、とても大切です。サッカーが何かさっぱりわからないのに、やみくもにサッカーをするのは、これまた危険です。

しかし、実践しない限り、そして1回、2回ではなく、何回も何回もやり続けない限り、実技力は決して高まらないのです。

「型」を守ってからでないと、「型破り」にはなれない

勉強は、再三お伝えしているとおり、「知識」などのインプットを問う競技であり、常に「わかっているのか」がカギになります。

しかし、仕事はスポーツや音楽と同じ「実技」です。商談もプレゼンも、サッカーやギターのように、本を読んだだけでは絶対にできるようにはならないのです。

では、実技はどうやったら身に着くのでしょうか?

それは、既にお伝えしたとおり、「やる」ことです。そして「やり続ける」ことです。

本を読んでも、1、2回やっただけでも、決して実技力は高まりません。

では、ただやれば、やり続ければ、必ず上達できるのでしょうか？

空手や剣道や茶道を、いきなり自己流でやって、やり続ければ、一流になれるのでしょうか？

それはかなり難しいと言わざるを得ません。

では、「仕事」はどうなのでしょうか？

「型を守った人だけが、『型破り』になれる」

「型を守ったことのない人の自己流なんて、『型なし』である」

ある総合商社の人事部長が引用した言葉です。

日本には、古来から「守破離《しゅはり》」という、実技力を高めるためのステップがあります。

お茶の千利休が言ったとか、その由来には諸説ありますが、現代でも芸事や武道はもちろん、さまざまなスポーツの分野やビジネス界にも広がり、実践されています。

お茶やお能や武道やスポーツと、そして仕事の共通点は、すべて「実技」だということです。

守破離を簡単に説明すると、
「守」……師の教えや流派の型を守って、それを数多く反復し、体得する
「破」……他流派の教えなども含め、自分独自の工夫をして、型を破る
「離」……さらに発展させ、自分の型を創り、既存の流派を離れる
となります。

つまり、**「自分流」を確立したかったら、まずは、すでにある「型」をきちんと守れ、**ということなのです。

ニューヨーク・ヤンキースの田中投手は、楽天時代にダルビッシュ投手にストレートの投げ方を教わったそうです。

あのお笑いの天才と言われるダウンタウンの松本さんも、最初は浜田さんと一緒に、「紳助・竜介（島田紳助さんと松本竜介さんがやっていた漫才コンビ）」の漫才のコピーを、公園で一所懸命にしたとTVで言っていました。

郷ひろみさんは、最初に所属したジャニーズ事務所で、「アイドル道」をたたきこまれたそうです。

木村拓哉さんも、嵐の松潤も、King&Princeの平野くんも、先輩の歌と踊り

のコピーからはじめ、先輩のライブのバックダンサーをやり、そうやって守り、破り、離れることを通して、個性のあるトップアイドルへとステップアップしてきたのだと思います。

いきなりの自己流で実技力を高めよう、というのは、結果的に「型なし」になる確率の高い、「しなくていい努力」なのです。

「続けよう」と決意したら、逆に続かない

継続のためには『続けようとする強い意志』がすべてです!!
意思
えっ?『続けようとする意志』があれば続くの…?
そうです!! 続けようと決意できればその目標を紙に書いて壁に貼るんです
目標
えっ? じゃあ朝晩の歯みがきもそうやって続けているの?
♪~

自分らしさが発揮される、自分が望むキャリアの実現のためにも、「守破離」の実践がお薦めです。

そのスタートである「守」の段階で大事なのは、いい型でできるだけ多く反復すること、つまりきちんと「続ける」ことです。いくら実践しても、それが1回きりだったら、決して身にはつかないのです。

30歳で休職という大きな挫折をした私は、再起のために、まず、自分の20代を徹底的に振り返ることにしました。その結果、「自分には、コツコツと続けたものが、なにもない」という残酷な事実を知って、ガク然としたのです。

（よし、これからは、絶対に続けるぞ！）

30過ぎでそう決心した私は、何事にも「続ける決意」を持って取り組みました。

そしてこの決意が、次なる「しなくていい努力」を引き寄せてしまったのです。

どういうことかというと、「続けようとすればするほど、続かない」という負のループにどっぷりとはまってしまったのです。

なぜ、続けようとすればするほど、続かないのか。

私には本当に続けられたものがなかったのか、もう一度自分を振り返り、丹念に探してみました。

すると、二つだけ、自分にも続けられたものが見つかったのです。それは……

「お酒」と「タバコ」

でした。この二つだけは、ダラダラと、でもしっかりと、続いていたのです。

特にタバコは、吸い始めてからは、1日たりとも吸わなかった日はありません。

では、なぜ、タバコはそんなに続いたのか……私は必死になってその理由を考えました。

しかし、考えても、これといった理由が見つかりません。もうわからないとあきらめかけたとき、

「タバコとお酒を一生続けようなんてまったく決意していなかった！　だから逆に続いた！」

ということに、やっと気づいたのです。

そうです。私は「タバコを一生吸い続けよう！」なんて決意をしたことは人生で一度もありません。むしろ、いつかは止めよう、と常に思っていたのです。しかし、その裏では、

「今日だけは、今だけは、吸おう」

という〝固い意志〟があり、その「今日だけ」の実践を毎日続けていたのです。

「続けよう」という決意は、実は逆効果であり、「しなくていい努力」でした。

「今日だけはやる」と考え、明日以降続けるかどうかなんてことは一切考えず、そのかわり**〝今日だけは〟必ず実行する……そんな「今日一日」の積み重ねだけが、継続につながる**のです。

おそらくみなさんの「歯磨き」も、そんな形で続いているのではないでしょうか？

この「今日一日」という継続方法に出合えた私は、その後どうなったかというと……

お酒、タバコは20年以上止められていますし、手帳もちゃんと使えています。

そして本もこうやってコツコツ書いていますし、今では立派な「継続・習慣マニア」になれています。

OSがダメなのに、いくらいいアプリを載せても意味はない

「キャリアアップとは、スキルアップのことである」

という公式を、なんの疑いもなく信じていた私でした。

スキルが高く、知識が豊富で、さまざまなテクニックを駆使できる人が、「仕事ができる人」であり、そういう人が周囲から評価され、花形部署に異動できる……と漠然と思っていたのです。

つまり、パソコンやスマホでたとえれば、いい「アプリ」をたくさん持っている人です。いい「アプリケーションソフト」、たとえば「商談スキル」とか「プレゼンスキル」、そして「調味料の知識」「外食産業の知識」などを搭載すれば、仕事ができるようになる、と信じていたのです。

もちろん、ビジネスにおいて、スキルや知識は大事です。無い人よりも、保有している人の方が、なにかと有利なのは間違いないです。

では「アプリの収集」に余念がなかった私は、その後どうなったかというと……28歳で本社に異動したことをきっかけに、みるみる仕事ができなくなり、30歳で休職するという挫折を味わうのです。

異動して最初に私が戸惑ったのは、いままで収集してきたアプリが使えなくなったことでした。

「商談スキル」や「調味料の知識」は、「冷凍食品」の「マーケティング」には一切必要がなくなってしまったのです。そうなったとき、私はいきなりフリーズしてしまいました。

異動して、従来のアプリが使えなくなったら、途端にパフォーマンスが落ちる……

これが、仕事ができない人の、典型的なひとつの特徴であるといまはわかります。

逆に、真に仕事ができる人たちは、他分野、他職種に異動しても、つまり〝どこで、何をやることになっても〟私と違って常にいい仕事をしていたのです。

私とその仕事ができる人たちとの違いは、アプリではなく「OS」にあったのです。

では、仕事における「OS」とは、なんでしょうか。

それは、「アプリを使いこなす力」であり、「どこに異動しても、転職しても必要な力」であり、ビジネスパーソンの「土台」です。

「調味料の知識」や「営業部門の数字入力のスキル」は、人事部に異動したら必要ありません。ですからこれらは「アプリ」です。一方、「人を説得する力」や「非言語力」、「聴く力」「良好な人間関係を構築する力」「問題発見&解決力」などは、営業でも人事でも転職先でも、仕事をするならどこでも必要ですので「OS」といえるでしょう。

「仕事用のOS」がしっかりしていれば、異動して、しばらくアプリが無くても戦えます。

しかし、OSがダメなままの人が、どんなにいいアプリを搭載しても、意味がないのです（図9）。

OS（土台）を築き上げることを怠りながら、アプリの収集に走るのは、「しなくていい努力」です。

そしてビジネスのOSは、目の前の仕事がなんであっても、たとえばそれが下足番だとしても、必ず鍛え上げることができるのです。

図9:いくらいい「アプリ」を搭載しても、
それを使いこなす「OS」がしっかりしていなければ、いい成果はでない

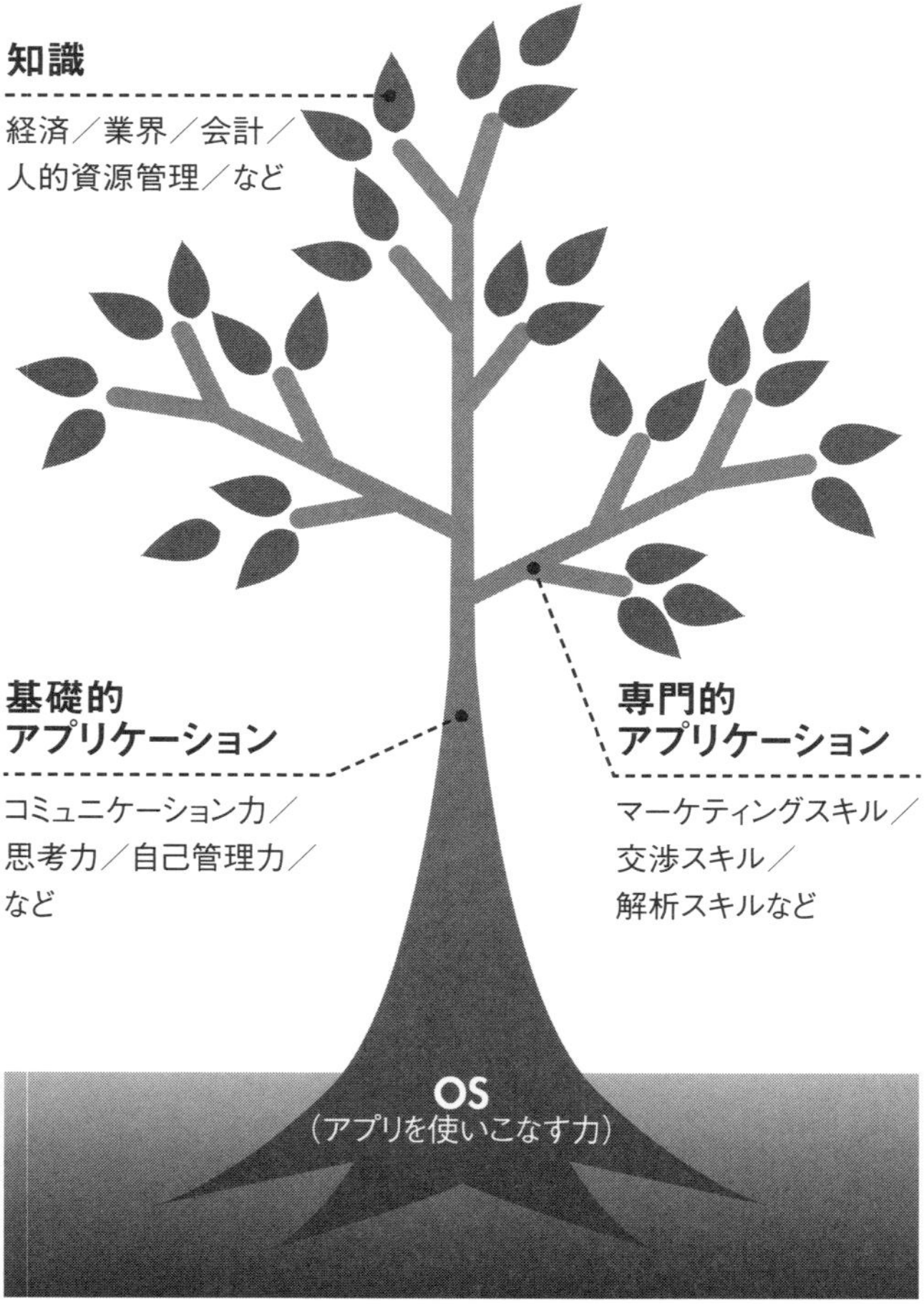
知識
経済／業界／会計／
人的資源管理／など
基礎的
アプリケーション
コミュニケーション力／
思考力／自己管理力／
など
専門的
アプリケーション
マーケティングスキル／
交渉スキル／
解析スキルなど
OS
（アプリを使いこなす力）

自分がもらうばかりの人間関係を、人脈とは言わない

（仕事は団体競技だったんだ……）

（いい人脈、いいネットワークを持てるかどうかが、仕事の成否を決めるんだ……）

30歳を過ぎて、私はやっとそのことに気づきます。

ところがまたまた、「しなくていい努力」をしてしまうのです。

なにをやってしまったかというと……

「自分に有益な人脈」

を築こうとしてしまったのです。

具体的に言えば、

「いざとなったとき、教えてくれる人」

「困ったときに、力を貸してくれる人」

「最先端の、面白い情報を提供してくれる人」

人脈というものを、そのようにとらえ、「自分にとって有益な人」とだけつながろう、と考えてしまったのです。

これが、いかに間違った考えであり、「しなくていい努力」か、もうおわかりですよね。

「一方的にもらえる人脈」など、相手の立場に立ったら、あり得ないのです。

「助けてくれないのに、いつも一方的に助けを求めてくる人」

「何も教えてくれないのに、いつも一方的に教えてもらおうとする人」

「なんの有益な情報もくれないのに、いつも一方的に情報をもらいにくる人」

そのような人を、相手は、「人脈」だとは決して思いません。

「人生の貸勘定を増やせ！」

下足番のところで紹介した、阪急電鉄創業者の小林一三《いちぞう》氏の言葉です。
借りてばかりのキャリアは、どんどん自分を苦しくさせていきます。

人脈とは、むしろ「自分から与える人間関係」のことなのです。日ごろから「貸し」をたくさんつくっておくから、いざというとき、教えてくれたり助けてくれたりするのです。

「絵に描いたようなキャリア」は、実はレッドオーシャンだった

安定性のある
企業
や業種で
安心してキャリアを
伸ばしたいです!!
安定性のある業種
職種って何?
?
やはり『食品』です。その中の
老舗の優良
企業に入って
おけば安心です!!
そういう企業には
次々とライバルが
入社してきて、逆に
"激戦区"じゃない?
こんなはずじゃ…

安定した業種といえば……やはり「食品」だな、食べることはこの先も無くならないし。独立して研修講師になるなら……コンサルティングファームで働くか、ＭＢＡの取得だな……

かつての私のように、このような「絵に描いたようなキャリアイメージ」を持っていませんか？

私自身、実際に、「安定してる」と言われている食品業界の中の、いわゆる「優良企業」で働いていました。では私は、そこで終始「安定」していたかというと……30歳で休職をしています。

「安定業種の優良企業」には、優秀な人材がたくさん集まります。そんな社内での競争はなかなか厳しいものです。また、「安定している」業界には、次々とライバル会社が参入してきます。

また、「安定」ということは、裏を返せば、「なかなか伸びない」ということでもあります。伸びない市場の中で数字を伸ばすのは、これまたなかなか骨の折れることだったと記憶しています。

その後私は、独立してプロの研修講師を目指すことになるのですが、そんな私には、ひとつ大きな懸念がありました。

「食品会社に入社。営業、マーケティング、〝休職〟、総務、人事、広告部マネージャー」私のキャリアが、どう見ても「絵に描いた研修講師」のそれとは、かけ離れていたのです。

（コンサルティングファームも経験していないしな……）

（やっぱり、MBAとかを持っている講師の方が、声がかかるんだろうな……）

（「マーケティング一筋」とかの人に比べると、弱いよな……）

しかし、キャリアを偽装するわけにもいきません。ある種開き直って、プロの企業研修講師としてのキャリアに踏み出しました。

結果は、これが大成功したんです、ハイ。独立して2年目には、予想をはるかに上回る、年に180日を超える研修を実施していました。

なぜこんなに順調なのか……

実は自分でもわけがわかりません。そうすると逆に怖くなってきます。そこで、あるとき、新規に研修を採用してくれた人事担当者の方に、

「あの……私のようなキャリアの講師で、よかったのですか？」

「コンサルティングファームだとか、MBA取得者とか、他にもっと立派な経歴の人もいますよね……？」

と思いきって尋ねてみたのです。

　すると、そのご担当者は、

「そうなんですよ、堀田さんのように、事業会社の〝内側〟や現場で、たくさんの実務経験をしてきた講師って、意外といらっしゃらないんです」

「こう言ってはなんですが、『成功談』を話す講師はたくさんいらっしゃいますが、堀田さんのように生々しい『失敗談』を話してくれる講師って、ほんとうに貴重なんです」

とおっしゃったのです。

図10

レッドオーシャン（赤い海＝血の海）

血で血を洗う激しい争いが繰り広げられている海

＝競争の激しい市場や業界、分野のこと

ブルーオーシャン（青い海）

争いの無い平和な海

＝競争の無い市場や業界、分野のこと

コンサルティングファーム出身の講師はたくさんいます。だから、競争は厳しいです。MBAを取得している講師も、たくさんいます。だから、そこも激戦区です。「絵に描いたようなキャリア」は、皆が目指します。だから特徴は逆になくなるし、競争視点で考えれば、たくさんの人がそこに群がるのですから、そこはいわゆるレッドオーシャンの場合も多いのです（図10）。

「自分探しの旅」をしても天職は見つからない

自分の『天職』って何だろうって最近思うんです。だから今度インドへ旅行に行きます
えっ!? 『天職』探しにわざわざインドへ旅行に行くの?
ええ!! "自分探しの旅"ってやつです!!!
自分
じゃあインドに行けば、誰でも自分に合ったスポーツや結婚相手を見つけられる?

ひととき、「自分探しの旅」という言葉が流行りました。

たまに、自分を見つめる旅に出ることは、もちろん悪いことではありません。

私も、急に思い立って、一人で寝台列車に乗って、出雲に神社巡りに行ったことがあります。


しかし、「自分探しの旅」に出て、そこで「自分にあった仕事」「天職」が見つかると思っていたとしたら、その考えには、私も、大きく「NO」と言わざるを得ません。


私はいま、「企業研修講師」という仕事をしています。

独立してプロの講師になって12年くらいになりますが、「これが天職」だと感じる、幸せな毎日を過ごさせていただいています。


では、28歳の、キャリアに行き詰まっていたあの時の自分が、もしインドに「自分探しの旅」に出かけたら、この「研修講師」という天職を見つけることができたでしょうか？


私の場合、「それは絶対にムリ！」と言いきることができます。

なぜなら、研修講師という仕事を実際に体験したのが34歳の時だったからです。

34歳の時、人事部にいた私は、自分から手を挙げて、それまで誰もやったことがなかった、「社内講師」という仕事にチャレンジしたのです。

チャレンジして、無我夢中でやっていたら、案外すんなりとできて……気がついたら、それをプロとして仕事をする日々になっていたのです。

実際に経験したことがないものは、自分のキャリアの選択肢には、入ってこないのです。

もし見つかったとしても、それはかなり危険な選択です。

野球を一度もやったことが無い人が、「野球が天職！」と言っていたら……

マーケティングをやったことが無い人が、「マーケッターこそ俺の天職！」と言っていたら……

講師をやったことが無い人が、「自分の運命の仕事は講師です」と言っていたら……

おそらくみなさんも、「早まるな！」と言うのではないでしょうか。

インドに「自分探しの旅」に出るくらいなら、同じ会社の中で、自分の半径５ｍ以内で、「仕事探しのチャレンジ」をした方が、私は確率がよっぽど高いと思っています。

たとえ今の担当業務が下足番であっても、自分がチャレンジすれば、付近の名所のガイドや記念写真のカメラマン、高齢者や体の不自由なお客様の介助や、地元の名産品のＰＲ係、高級旅館に来るお客様の靴の分析調査……と、さまざまな仕事を実際に経験することができるのです。

「業種」「職種」「会社」で探すから、合う仕事が見つからない

仕事選びは『業種』から。自分がどんな業種で働きたいか…それが1番です!!
業種
えっ…まず『業種』で探すの?
はい!!
自分は『食』が好きだから…やはり食品業界です!!
食品会社に入れても、人事部や情報システム部だったら、食に関われないよ?
こんなはずじゃ…

自分に合った「仕事」は、どうやって探すものなのでしょうか。

「不動産の仕事がしたい」「医薬業界で働きたい」といった「業種」で適職を探したり、「商品企画をしたい」「人事の仕事がしたい」といった「職種」で「やりたいこと」を考えたり、ズバリ「この会社で働きたい」と、自分に合った「会社」を追い求めたり……そのようなパターンが多いのではないでしょうか。

さて、この探し方で自分にピッタリ合った仕事が見つかるかというと、かなり難しいと思います。

まず、「業種」での適職探しを考えてみましょう。「不動産」が好きで、「不動産」という業種で就職先を探し、そして、運よく不動産会社に就職が決まったとします。しかし、不動産会社に入っても、「情報システム部」に配属されればＩＴ仕事の毎日ですし、「人事部」に配属されれば人事の毎日で、好きな不動産に触れることはほぼゼロです。

では今度は、「職種」で仕事を探してみましょう。「企画職」を希望し、無事に「商品企画部」に配属されたとします。しかし、商品企画部に入っても、その仕事の中には、庶務的な仕事や、工場や研究所とのタフな交渉といった「営業」に近い業務も含まれていたりします。異動の可能性もあります。

「会社」で選んでも同じです。実際に私は、同じ会社で、営業、マーケティング、総務、人事、広告と、４年に一回くらい、もう転職といってもいいくらいの異動を経験し、そのたびにまったく違った仕事を経験するハメになったのです（講師になったいまは、ここの経験がものすごく有益な資産となっていますが）。

ですから、「『業種』『職種』『会社』の軸で、自分に合った仕事を探す」というアプローチは、残念ながら「しなくていい努力」になる確率が高いのです。

では、どうしたらいいのか……これは、キャリアの中でも、特に難しい問題です。自分に合った仕事が本当にしたいのであれば、独立して、その仕事を自分で創ってしまうのが実は一番かもしれません。かといって、皆で独立しましょう！というのも、現実的な話ではないですよね。

私自身は、「業種」「職種」「会社」ではなく、もっと細かい「プロセス」に焦点をあてて、「自分に合った仕事」の実現を目指しました。

「食品のマーケティングがしたい」というのが、私の学生時代の「業種・職種での仕事探しの軸」でしたが、その軸を、35歳で大きく変えてみました。

「ものごとをわかりやすくする」「体系化・パッケージ化する」「論理と情熱の両立でわかりやすく伝える」といった、「自分が〝好き〟で〝得意〟なプロセス」を自分の軸に据えたのです。そして、「自分に合った仕事を探す」というよりも、むしろ逆に、人事に行っても、広告部員になっても、この「プロセス」を活用して仕事をすることを意識したのです。

そうすれば、どこでなんの仕事をしていても、常に〝好き〟で〝得意〟なんですから、自分にとってはそれが「適職」になるのです。

そして40歳で独立し、「プロの研修講師&ビジネス書の著者」という仕事を選択しました。

やはり、この仕事が、私の好きで得意なプロセスを使える時間がもっとも長く、そしてもっとも高い価値を相手に与えられる舞台だと考えたからです。

第1希望の部署に異動したら、休職していた

適職♡
自分に合う仕事をやりたい!!
みんなそう思っていますよ!!
えっ? 自分がどんな仕事に合っているかなんて自分に分かる?
?
あたりまえですよ!!
そんなの他人に聞いてどうするんですか?
ハハハ
じゃあ映画のキャスティングは、俳優が自分たちで決めてるの?
私ねずみ役!!
えっ
ぼくはライオン役

自分のキャリアの舵《かじ》を握っているのは、人生の主人公は「自分」です。この点には私も1ミリも疑いはありません。ただ、「自分のことは、自分が全部わかっている」と考えていたらどうでしょうか。

「自分は、マーケティングがしたいのだ」「自分にはマーケティングが一番合っている」

営業としてキャリアをスタートした20代の私は、そう信じて疑っていませんでした。そして、毎年、異動希望にはマーケティング部署を書き、上司にその希望を伝え続けました。

そしてなんと、その希望は、「満額」でかなえられたのです。私は28歳で、希望していたマーケティングの部署、中でももっとも希望していた冷凍食品の部署に異動することになったのです！

その結果は、再三書いてきたように、30歳での挫折と休職でした。

自分に合っている〝はず〟の、希望通りのその部署で、私は、実際にはまったくロクな仕事ができなかったのです。

復職後、私は会社から「営業支店の総務部」への異動を命じられました。

総務……それは、いままでの人生で、一回も希望したことのない部署です。営業車の管理、レイアウト変更、自社の不動産の管理、経理、そして人事……そんな、いままでの人生でまったく考えたことも希望したこともない仕事が私を待っていました。

ある時、インドネシアの海外法人にマネージャーとして赴任していた同期が、インドネシア人の部下を引きつれて、日本の食品マーケットの視察にやってきました。「総務担当」として、その市場視察をアテンドした私は、帰国間際の彼に、「海外で営業のマネージャーなんてすごいな……俺は総務担当だぜ……笑っちゃうだろ……」と思わずつぶやいてしまいました。

数日後、インドネシアの彼からメールが来ました。お礼の文章のその最後に、

「堀田はどう思っているかわからないが、俺は、堀田に総務、すごく合っていると思うよ」

と書いてあったのです。

総務が合っている!?……自分には正直とても意外でした。

しかしそう言われてみれば……たとえば公文書や議事録など、文章を書く場面がとても多いのですが、上司は、私の文章力をとても高く評価してくれています。

そんな総務での仕事も数年が経ち、私に、また異動のタイミングがやってきました。

私は、今度は、いっさい自分の希望は言いませんでした。思いきって、すべて上司にお任せしたのです。

その結果、上司が決めた私の異動先は、「人事部　採用・教育グループ」でした。

人事部で人材育成、これもまた、私の人生で、私自身一回も考えたことのない仕事でした。

しかしその結果、人材育成が、私の天職、ライフワークとなったのです。

人間の目は、鏡の前に立たない限り、自分を見ることがいっさいできません。

ですから、**実は人は自分のことが一番よくわからない**のです。

私は、自分に何が合っているのかを周囲に聞くのは、十分に「アリ」だと考えています。

そうやって客観的な情報を集めてから、最後に自分が決めればいいのです。

ポジションパワーでは切り拓けない

社長や事業部長、課長といった「ポジションパワー（肩書による権力）」を持てば、たしかに、自分の意見がスンナリ通るようになり、人もそれに従ってくれます。ですから、「ポジションパワーを手に入れて、それによって自分が望むキャリアを実現する」というのも、たしかに有力な一つの方法かもしれません。

実際にこの状況は、現在の日本でも少なくないのだと思います。「○○社の仕入部の部長」というポジションに強大なパワーがあれば、期待以上の価値を与えたり、相手の立場に立ったり、Ｗｉｎ－Ｗｉｎを目指したり、なんていう努力をいっさいしなくても、部下も、取引先も、あなたの言うとおりに動いてくれるかもしれません。

しかし、気をつけなければいけないことがいくつかあります。

まず、「パワハラ」という言葉が象徴するように、「ポジションパワーによって人を無理やり動かす」ということは今やＮＧであり、周囲の目もどんどん厳しくなってきています。

そして、ポジションパワーは、当然ですがそのポジションを失った時に、一気にそのパワーを失います。たとえば私は前職では広告部で課長という肩書をいただいていましたが、独立した瞬間、それはパーになり、それまでポジションパワーに逆らえず、嫌々協力してくれていた人は当然去っていきます。

そしてフリーランスとして世の中に出てみれば、そこは肩書なんてまったく関係ない、ある種日本代表のサッカーのような実力の世界だったのです。

サッカーの代表戦では、久保選手や中島選手、香川選手といった、その試合に必要なプロフェッショナルな選手が招集されます。その日本代表チームには、「課長」や「部長」などの肩書はありません。年齢が上だからといって、ふんぞり返ることもできません。そこに招集された一人一人は、まったく対等なプロフェッショナル同士なのです。そこで問われ、評価されるのは「チームの勝ちに貢献できる、いかにいいサッカー（仕事）をしたか」ということだけです。

フリーランスの世界もそれと同じです。そのプロジェクトに必要なプロフェッショナルたちが集められます。そこには、肩書も上下関係もありません。そしてそこで問われるのは同じく「チームプレーヤーとして、いかにいい仕事をするか」の一点だけです。「俺はあの会社の部長だったんだぞ！」などと言って、自分の意見を通そうとしても、ビックリされ、笑われてしまうのがオチです。

私の直観でしかないですが、これからの仕事のチームのあり方は、徐々に、日本代表サッカーチームのような形になっていくと思います。そのような世界で、どこで、誰と、何をやっても活躍できるためには、自分の〝内側〟に力をつけていかなければならないのです。

最終章 未来編

「しなくていい努力」を続けたら

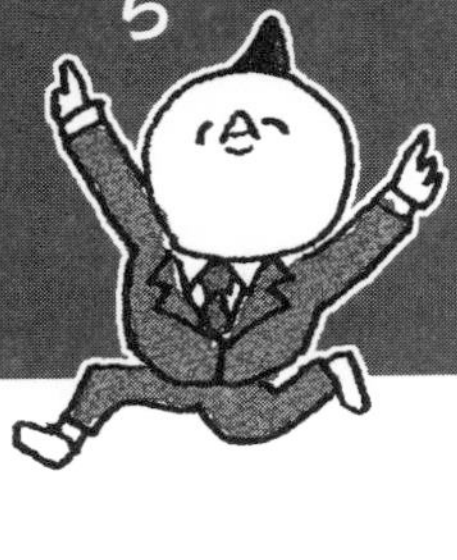

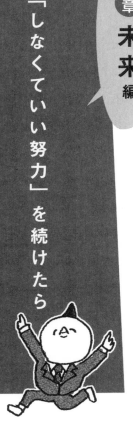

仕事という競技は、これからも進化していく

安泰
おかげさまでもう大丈夫。これで私のビジネスキャリアは安泰です!!
そうかな？安泰とは言い切れないかもしれないよ？
えっどうしてですか？
あっ
ポロ
20年後の『仕事という競技』は今と同じ形だと思う？

なぜ、私は、「しなくていい努力」をこんなにもしてしまったのでしょうか。

そしてなぜ、こんなにも多くの人が「しなくていい努力」を、今日も現場で、たくさんしているのでしょうか？

それは、私のせいでも、みなさんのせいでもありません。

その原因は、

「誰も『仕事という競技とはなにか』を具体的に教えてもらっていない」

ことにあるのです。

たしかに、おそらくどの会社でも、新人研修で、最初に『勉強と仕事は違う！』とは言われます。

しかし、その後に、『具体的な違い』の説明はしてくれないのです。先輩に聞いても、「仕事は責任がある」「仕事は厳しいものだ」などと遠い目をして感想を言ってくれるくらいです。

自分がやっている競技について具体的にわかっていなければ、しなくていい努力になってあたりまえです。

仕事という競技のフィールドでいくら一所懸命勉強をしても、それは残念ながら、しなくていい努力なのです。

そしてもう一つ、

「仕事という競技は、どんどん進化し、姿を変えていく」

ということに注意しなければなりません。

実は、いまよりも「仕事という競技」が「勉強という競技」にずっと近い時代がありました。

高度成長時代はある種『造れば売れる』時代でした。そんな時に求められた会社は「規格通りのものを、安く、大量に造れるところ」であり、その会社に求められたのは、「工場で、決まったことを、きちんとやれる人」だったのです。そうです。「先生に出された問題を、先生が教えてくれる通りに、きちんとやれる生徒」とかなり近かったのです。

その後、市場やお客様が求めるものの変化に合わせて、『仕事という競技』も徐々に変わっていきます。私が入社したころは、どちらかと言えば、会社は「野球」のようでした。もちろん自己判断が求められますが、求められるスピードもまだそれほど速くないので、困ったらすぐに上司や本社に相談できました。当時の上司も「これが正解だ！」「俺の言う通りにやれば、間違いない！」と自信満々に「正解」を示してくれたのです。

しかしお客様のニーズが多様化して、細分化してきて、求められるスピードがどんどん速くなってくると、1球ごとに野球のように監督の指示を待ったり、コーチに相談していると、その隙にライバルに仕事を取られてしまいます。そしてもう過去の成功体験が通用しないのですから、上司にも確固たる「正解」なんてありません。

ですから、仕事は、より個々人が「自分で考え、自分で判断する」比率が高い、「サッカー型」に変わっていったのです。

野球もサッカーも、そして仕事も、「チームを勝たせる」「本を読んでもできない」「自分のポジション以上の範囲で動く」「相手の立場でパスや送球やコミュニケーションをする」といった、その本質は変わりません。しかし、サッカーに競技が変わっているのに、相変わらず野球のように上司に丁寧に指示を求めたら、それはもう立派な「しなくていい努力」なのです。

そして、機械とＩＴの高度化です。「言われた通りにやればいい仕事」に、もう人間の出番はありません。

さらにこれからは、「ＡＩ（人工知能）」です。「データを収集し、前例からもっとも成功確率の高い判断をする」なんていう仕事に、人間の出番はなくなってしまうかもしれません。

「しなくていい努力」がもたらす大きなダメージ

では、仕事という競技で、「しなくていい努力」に気づかずに、それを続けてしまうとどうなるでしょうか?

ここに一人、その「人体実験」をした男がいます……そうです。私です。

自分が「しなくていい努力」をしていることに気づかず、続けてしまった私は、30歳の時に、9か月休職するまで追い込まれてしまったのです。

では、「しなくていい努力」は、実際にどんなダメージをもたらしたのでしょうか。

【具体的に起き始めた出来事】
・良かれと思ってやっているのに、相手に喜ばれない
・なぜか、怒られたり、嫌われたりする
・なぜか、自分にだけ、不利益なことがよく起こる
・自分の意見が通らなくなる
（あるいは通すために必要なエネルギーがどんどん大きくなる）
・残業時間が増える
・望んでいる結果や、成果が出ない……

このようなことが起き、そしてどんどん増えていきました。
この「出来事」を相手の立場から見れば、おそらく次のようになります。

【相手に与えるダメージ】
・（悪気はないのかもしれないが）自分が嫌がることを平気でされる
・こちらを怒らすようなことを、平気でしてくる
・自分本位な要求や意見を主張される

・「教えてください！」「助けてください！」と一方的にもらうばかりで、何も与えてくれない
・ムダなことで、平気で残業を重ねる（特に上司目線で見ると）
・仕事の成果を出してくれない……

そしてそれだけではありません。自分にも甚大なダメージを与えるのです。

【自分に与えるダメージ】
・イライラやストレスが増える
・「理不尽だ！」と思うことが増える
・周囲の評価がますます気になるようになる
・自信を失う
・モチベーションがどんどん低下する
・仕事が嫌になる……

逆にいえば、以上のようなことがもしあてはまるのであれば、それは、「しなくていい努力」を気づかずに続けてしまっているサインかもしれません。

「しなくていい努力」最悪のシナリオ

30歳で9か月休職する、という大きな挫折まで経験することになった私ですが、53歳のいまは、強がりでもなく、そんな自分を「ラッキーだったな！」と思っています。

なぜなら、派手に大きくつまずいたから、自分が「しなくていい努力」をしていることに、早く気づくことができ、止めることができたからです。

「しなくていい努力」に気づき、止めると、仕事だけでなく人生までもが大きく好転しました。

40歳の時には独立し、こうやって好きな仕事を思いっきり満喫しています。

逆にいえば、最悪なのは、「しなくていい努力」に気づかず、大した壁にぶつかることなく、スルッと40歳、50歳、60歳までいき、そこではじめて気づくパターンかもしれません。

その時になって、イライラし、ストレスをため、理不尽だと思い、相手を怒らせ、仕事がどんどん嫌になり、どんなに努力をしても成果が出ず……そんな日々を、30年も、40年も過ごしてしまったことに気づくのです。

「しなくていい努力」を続けたままゴールを迎えられれば、逆に御の字かもしれません。

実際に、これまではそういう人もたくさんいました。しかしこれからはどうでしょうか？

ますます厳しくなるビジネスの現場に、「しなくていい努力」をし続けている人を、定年まで抱え続ける余裕がはたしてあるでしょうか？

「しなくていい努力」を続けた私は、気づかないうちに大きなものを失い続けていました。

それは、仕事という競技で、もっとも重要な「信頼」でした。

信頼を失った原因は、机の上が汚くて、電話を取らないで、シュレッダーのごみを捨てなかった、といったことだけではありません。

・売上をもらおう、好きになってもらおう、など、自分のインプットばかりを考える
・「自分がされて嬉しいこと」を、嫌がる相手にも受け取るよう強要する
・知識のインプットばかりし、最初から自己流で型無しの商談をする
・上司が問題を配ってくれなければ、問題を明確にするよう、上司に迫る
・常に自分が勝つことばかりを考え、ロジックを駆使して相手を論破する
・チームの勝ちを考えず、個人の勝ちだけを追い求める
・上手くいかないと、その選択を、上司や、本社などの他者のせいだと主張する……

このような、「しなくていい努力」をしていたからなのです。

みなさんは、このような、「しなくていい努力」をしている人を、はたして信頼するでしょうか？

仕事という競技は、信頼さえされていればとても簡単な競技です。「このプランをやらせてください！」の一言で、相手はＹｅｓと言ってくれます。しかし、信頼を失ってしま

うと、この競技はどうやっても上手くはいきません。このような「しなくていい努力」を続けている私が、上司に30時間かけて書いたプランを持って行っても、返ってくるのは「NO!」なのです。

失った信頼を取り戻すのは、そう簡単なことではありません。

信頼の醸成には、必ず一定の時間が必要になります。瞬間芸では信頼関係は築き上げられません。

信頼を失うような「しなくていい努力」をしてきた期間が、長ければ長いほど、当然、それを取り戻すことが難しくなり、そのための時間も多く必要になるのです。

システムやツールだけでは、働き方は改革できない

『しなくていい努力』のせいで……私は信頼だけでなく時間まで失っていたんだよ……
えっ？時間
?
ところで時間はなぜ重要なんだろう？
それは……『時は金なり』だからです!!!
チャリーン
うーん
私は『時は金以上』だと思っているけどね

「長時間労働こそ美徳」といった時代は、無事に過去のものとなりそうです。

私がキャリアを始めたころは、「長時間労働＝善」「長時間労働＝高評価」といった価値観が、まだまだ根強い時代でした。私自身、「今月はよく働いた！＝今月は残業が多かった！」と何の疑いもなく考え、残業の多さや終業時間の遅さを、どこかで自慢しているようなところがありました。

もうおわかりのように、これこそが典型的な「しなくていい努力」です。

仕事とは、いかに長い時間働いたかを評価する競技ではありません。

私が、そのことを、頭ではなく、ほんとうに体でわかったのは、40歳で独立してからです。

独立した私がまず考えたのが、「一刻も早く仕事をしよう！」ということでした。

そう考えた私は、とにかく、できるだけ多くの「打ち合わせ」をしたのです。

「堀田さんの話を聞かせてくれませんか？」と言われたら、喜んでどこにでも伺い、1時間でも2時間でも打ち合わせをし、情報交換をしました。一所懸命に打ち合わせを重ねた結果……

売り上げは「ゼロ」だったのです。それまでサラリーマンだった私には、打ち合わせ中にも給料が発生していました（と思っていました）。しかし、ただ打ち合わせするだけではお金にはなりません。「拘束された時間＝お金」ではない、というあたりまえのことを、私は40歳になってやっと知るのです。

いま、世の中では「働き方改革」が声高に叫ばれています。同じ仕事をするなら、できるだけ早く仕事を終えて、プライベートをもっと充実させて、といった方向には、個人的にも大賛成です。

そして、大幅な残業規制や就業時間の短縮、有休取得の義務化、ペーパーレス化、在宅勤務、テレワーク、などといったさまざまな施策が導入されています。

しかし、私は、そのようなシステムやツール〝だけ〟では、働き方改革は決して実現しない、と確信しています。

私が会社で働いていた時にも、さまざまな効率化への取り組みがありました。

組織体制を変えたり、携帯電話が個人支給されたり、経費精算がシステム化されたり、と、そのためにさまざまなシステムやツールが導入されました。

ところが、それ〝だけ〟では、みんなの有休取得は増えず、帰宅時間も早くならなかったのです。

なぜなら……私をはじめ、多くの人が、「しなくていい努力」をしていたからです。

「自分〝だけ〟は早く家に帰りたい」「自分の仕事〝だけ〟は効率化したい」「自分の部署〝だけ〟は仕事を減らしたい」「自分の会社〝だけ〟は労働時間を減らしたい」……

このような、個人競技的な、相手の立場に立たない、自分が勝つことを考える個人がそこにいる以上、どんなシステムやツールを導入しても、みんなの働く時間は短くなりません。

仕事という団体競技では、そこで働くひとりひとりが、どうやったら〝相手〟の時間が短くなるか、どうやったら〝チーム〟の時間が短くなるか、どうやったら〝会社全体〟の時間が短くなるか、どうやったら〝業界全体〟の時間が短くなるか……と考え、努力しない限り、自分の働く時間もけっして短くならないのです。

最後にその「時間」ですが、なぜ、そしてどのくらい大事なものなのでしょうか？

もし「時は金なり」などと、昔の私のように思っていたら気をつけてください。だとしたら、あまり時間を大切にできていないかもしれません。

では質問を変えます。「お金泥棒、モノ泥棒、時間泥棒」は、誰が一番罪深いですか？

そうです。圧倒的に「時間泥棒」です。なぜなら、お金やモノは、盗んでも返せるからです。

時間は有限であり、不可逆性があり、どんなにお金持ちになっても、けっして買い足したりはできないものなのです。ですから、「時間」は仕事において、そして人生において、ダントツに重要なものなのです。

ワースト・オブしなくていい努力

「しなくていい努力」を重ねて行った私は、どんどん仕事が上手くいかなくなっていきました。

そして、周囲の評価が気になる私は、自分がダメだと言われているような気がして、徐々に仕事をするのが怖くなっていったのです。

特に、自分のアイデアや意見が却下されるのが、とても怖くて嫌でした。

そんなある時、私は、ある選択を思いついてしまうのです。それは、

「チャレンジしなければ、余計なことをやらなければ、仕事量を減らせば、失敗も減る」という〝悪魔の選択〟でした。

たしかに、下足番が、お客様の靴を磨いたり、天気予報を教えたり、近くのお店を教えたり、とすればするほど、それを嫌がるお客様に遭遇する可能性も高まります。

ですから、「なるべく余計なことはせずに、言われたことだけを最低限にやろう」と考えるのです。

これはサッカーでいえば、「なるべく動きを減らし、なるべくボールには触らないようにしよう」という選択と同じです。残りの10人が必死に動いているのに、一人グラウンドで、なにもせずじっと佇んでいるのです……はたして、この選手は、ほんとうに失敗していないのでしょうか？

その流れの中で、私が思いついてしまった究極の選択が……「休職」でした。

（会社に行かなければ、仕事をしなければ、家にずっといれば、もう失敗はしないですむ！）

そう考えてしまったのです。

たしかに、仕事をしなければ失敗はしませんし、人と会わなければ、意見の違いも摩擦もストレスもありません。

しかし、その〝誰とも関わらない、なにもしない人生〟は、ほんとうに失敗していないのでしょうか？

ところで、勉強と違う、仕事という競技の最大の特徴はなんでしょうか？

それは、「正解がない」ということです。

では、「正解」がない競技に、「失敗」などというものが、そんなにたくさんあるのでしょうか？

もちろん、計算ミスや、誤字脱字といったミスはNGです。しかし、「上司と意見が違った」「提案したけど採用されなかった」といった、当時の私が「失敗」だと決めつけていたことは、はたして本当に失敗なのでしょうか？

そうです。それは失敗などではなく、ただの「意見の違い」だったのです。

私は、40歳で、お世話になった会社を辞め、独立するという選択をしました。

12月の最終出勤日、私は小さく一礼して、その会社をあとにしました。

その時、走馬灯のように、18年間の中の、3つの仕事が頭の中を巡りました。
その3つの仕事には、

・（珍しく）自分から「やりたい」とチャレンジした
・実現に向けて、多くの人と関わった
・実現までに多くの摩擦やぶつかりあいがあり、実現後も反対者が多かった

という共通点がありました。

しかし、あれほど「失敗しないように」と心がけ、エネルギーを注いだ、その他の何万もの仕事は、その時一つも頭の中をよぎらなかったのです。

おわりに

本書の企画が通り、では実際に書きはじめましょう、となった時のことです。

「まずは、1章だけでもいいですよ」

と言われましたが、私は、

「よし、最高の原稿を最後まで一気に書き上げて、驚かしてやろう！」

と決意し、ひとり黙々と、最終章まで一気に書き上げたのです。

その原稿を読んだ編集者さんたちの反応は、

「面白いです。かなりいい出来です！」

という、私の期待を裏切らないものでした。

「点数でいえば、何点くらいですか？」

「そうですね……70点くらいには、もう来ているのではないでしょうか？」

（70点か……ゴールはもうすぐそこだな……よし、次で決めてやる！）

ますます前のめりになった私は、またまた、あっという間に修正原稿を仕上げました。

その修正原稿は、

「悪くはないんだけど、でも……」といった、なんとも煮え切らない、ビミョーな反応だったのです。

どこが悪いのか？　と食い下がっても、

「具体的にどこが、というわけでもないんだけど……」といった感じです。

なんなんだ！　いったい何が起きたというのか！

落胆が怒りに変わりそうになったその時、アッと思いました。

・70点だと聞いて、あと30点足して、１００点の本を書こうとした

・「自分が読者だったら読みたい本」を一所懸命に書いていた

・自分一人の力で、書ききってやろうとしていた

という、「しなくていい努力」の数々を自分がしていたことに、やっと気づけたのです。

「編集長だったら、どういうアイデアがありますか？」

「そうですね、私だったら、『4コマまんが』にするかもしれませんね」

「!?……」

私は、あまりの想定外のアイデアを前に、フリーズしてしまいました。

「4コマまんが」などという発想は、私の頭の中には1ミリもありません。

(20代の自分だったら、きっと顔を真っ赤にして却下しただろうな……)

だとしたら、逆にきっとこれはGOサインだろう、と直感しました。

夏の研修オフシーズンに、八ヶ岳は原村にある拠点に籠って「4コマまんがバージョン」にゼロから取り組みました。

今度は、一気に一人で書き上げるようなことはせず、ああでもない、こうでもないと、毎日のように編集長とやりとりをし、こまめにお互いにアイデアを出し合っていきました

(おかげで、八ヶ岳にいても充分に双方向的な仕事ができることも確認できました)。

こうして、「私の本」ではなく、「私たちの本」が完成しました。

企画段階から絶妙な距離感で並走してくれた上田さん、厳しいノックを浴びせてくれた加藤さん、ステキな「ゆるキャラまんが」を仕上げてくれたイキウサさん、この本を世に出す決断をしてくれた藤井さん、そして山本編集長、ありがとうございました。

この本を書きながら浮かんだのは、私の「しなくていい努力」で迷惑をかけた、上司、先輩、同僚、お客様の顔、顔、顔……です。あらためて、この場を借りて、お詫びと御礼を申し上げます。

「7つの行動原則」研修に参加してくださった1万人を超える方たちがいなかったら、そもそも本書を書こう、とは思ってもいなかったでしょう。

「もっと早く教えてほしかった！」「後輩はもちろん、上司にもこの研修を受けてほしい！」といった多くのメッセージが、苦しいときも、完成へと私を駆り立ててくれました。

妻でありビジネスパートナーの智子さんには、本作の執筆に最初から最後までもっとも近くで関わってもらいました。結果、機嫌が悪いときの私の負のオーラを一身に受け止めてもらうことにもなり、この場を借りてお詫びいたします。そして温かく、そして時には誰よりも直球のフィードバックを頂き、感謝です。

この本を書き上げるプロセスが、私にとって、プライムな「仕事」の時間と空間でした。
みなさまに深く感謝をこめて。

2020年1月24日

比較的雪の少ない、八ヶ岳の原村ラボにて　堀田孝治

堀田孝治（ほったこうじ）
クリエイトJ株式会社　代表取締役
1989年に味の素株式会社に入社。営業、マーケティング、"休職"、総務、人事、広告部マネージャーを経て2007年に企業研修講師として独立。2年目には年間180日を超える出講をする人気講師となる。「しなくていい努力」が自身の休職の主原因であったこと、そしてそれが自分以外の多くのビジネスパーソンにもダメージを与えていることに気づき、開発したオリジナルメソッド「7つの行動原則」は、大手企業を中心にさまざまな職種、業種の会社で研修として採用され、のべ1万人以上が受講。著書に『入社3年目の心得』『自分を仕事のプロフェッショナルに磨き上げる7つの行動原則』などがある。
http://create-j.jp

イラスト　イキウサ
デザイン　尾山叔子
企画協力　オトバンク

しなくていい努力《どりょく》　日々《ひび》の仕事《しごと》の6割《わり》はムダだった！

2020年3月31日　第1刷発行

著　者　堀田孝治《ほったこうじ》
発行者　茨木政彦
発行所　株式会社 集英社
〒101-8050 東京都千代田区一ツ橋2-5-10
編集部 03-3230-6068
読者係 03-3230-6080
販売部 03-3230-6393（書店専用）
印刷所　凸版印刷株式会社
製本所　ナショナル製本協同組合

　ISBN978-4-08-786124-2　C0034